HAMID AMOUD

MON OPPIDUM D'IDENTITÉ

ROMAN

Chapitre premier

Qui suis-je ?

Voilà maintenant des jours et des nuits que cette idée me persécute. Chaque fois que je veux mettre la tête sur mon oreiller à la recherche d'un sommeil bien reposant, elle vient, me visite, se présente dans sa forme mystérieuse et me hante. Je la tourne et la retourne dans ma tête comme je fais dans mon lit en proie à une réflexion très profonde pour conclure l'énigme qu'elle comporte et qui, en même temps, porte exactement sur l'être dans tous ses états comme variante selon les temps et les modes. Cela vous paraîtrait-il bien plat, peut-être, parce que vous êtes déjà familiarisés au fameux jeu interactif de « Questions Pour un Champion » ou, peut-être, vous êtes amateurs de charades dont la formule finale est la question traditionnelle qui suis-je ?

Eh bien, je suis tout simplement l'être humain, je suis moi-même, moi le datif, le nominatif ou bien moi l'accusatif, moi le substantif, sujet de la pensée philosophique qui porte sur l'une des composantes qui, avec d'autres éléments, entre en scène pour la formation de la personnalité.

Moi, simple mot monosyllabique de trois lettres qui au même nombre de ma vie et dont le « i » est commun me plonge très profond en quête de ma vraie identité dans un monde de paradoxes. Un monde où les valeurs ne tiennent pas tellement du moment que tout, pour ce moi, n'est échafaudé que sur le rêve et le virtuel.

Paranoïaque que je suis, je pars alors à la recherche de mon moi ou de mon identité. Voici ce que j'étais et ce que je suis.

II

Sur le vaste espace, entre les jardins d'oliviers et la gare ferroviaire que surplombe la vieille tourelle d'une vieille raffinerie de pétrole, poussait tel un champignon de béton une cité d'ouvriers dont les demeures étaient basses et identiques. Les maisons affectaient un air de calme et de sérénité tout au long de l'année, elles étaient toutes ouvertes par le ciel et comprenaient de deux à trois pièces avec un petit réduit pour les besoins naturels. La plupart d'entre elles abritaient au centre de leurs cours un cep ou un abricotier que l'on dirait des sentinelles qui veillaient sur la vie paisible de la cité. Aujourd'hui encore, et malgré toutes ces années, la réincarnation culturelle et civile de ses premiers habitants est manifeste chez la descendance. Au début, comme les femmes aux foyers étaient venues de la campagne, il leur était trop dur d'abandonner tout un passé à savoir leur vie rurale au sein des chaumières, surtout que quelques-unes avaient ramené avec elles leurs bétails. Bovins et ovins et même des chiens cohabitaient avec les gens entre les quatre murs que la nouvelle condition de vie leur avait offerte, ainsi les rires des vieux se confondaient au meuglement des veaux et au bêlement des caprins aussi les pleurs des petits se mêlaient aux aboiements des chiens, les murs sentaient le pissat et le crottin.

En revanche dans d'autres ménages, on jouissait bien de la nouvelle promotion sociale et tout ce qui rappelait la vie rurale était du coup jeté dans un abîme de l'oubli grâce à une femme, Madame Ricard. Cette assistante sociale d'origine française installée au pays avec son époux depuis l'époque coloniale apparaissait fréquemment dans le quartier des ouvriers. Sa figure d'enfant et son regard caché derrière ses grosses lunettes n'émettaient que l'assurance et la confiance de toute une enfance qui, au rythme de ses régulières et nombreuses tournées effectuées dans la cité à bord de sa 2cv, foisonne autour de son véhicule à la manière des abeilles autour de leur essaim. On attendait toujours une gratification de la part de l'ange bienfaiteur. C'était des fois des friandises, d'autres du chocolat, et surtout son joli sourire qui s'étalait sur ses charmantes lèvres vermeilles comme un doux soleil de printemps. Cette dame de taille moyenne était à la fois mère, sœur et infirmière qui s'occupait de l'état de santé des ouvriers ainsi que celui de leurs subordonnés. Grâce à elle, les familles qui ignoraient l'existence d'un organisme administratif recueillant les déclarations des naissances et des mortalités eurent accès à la notion de civilité. Elle leur faisait chacune son livret de famille. La française saignait aux quatre veines pour le bien être des salariés, elle déployait des efforts énormes depuis les accouchements en passant par les inscriptions des naissances et même au-delà de cette conjugaison de procédures administratives. Son champ d'action couvrait bien d'autres domaines : à l'école et dans les colonies de vacances se signalait aussi son omniprésence.

J'eus le grand privilège de recevoir mes premiers soins de maternité sous son assistance, elle venait m'appliquer les gouttes dans les yeux et dans les oreilles en me chuchotant quelques sons mystérieux dans une langue que je ne pouvais pas comprendre en cette époque-là.

Madame Ricard est maintenant partie dans son pays, sa substitution par une assistante d'origine marocaine dont la réputation n'égalisait pas la sienne parmi la classe des ouvriers laissa une profonde plaie dans le vivant aussi bien des employés que celui de leurs enfants.

Ma naissance vint glorifier, après vingt ans de dévouement, l'entreprise matrimoniale dont les principaux partenaires sont mon père et ma mère, en fait, ma mère était la seconde épouse. Elle venait dans la famille pour la garde de ma sœur et de mon frère que mon père avait eus avec une autre femme- cousine de ma mère- disparue suite à une maladie, surtout que ceux-là étaient encore gamins. Tant ils avaient besoin de tendresse maternelle ! Certes, ma mère ne pouvait jamais incarner le rôle d'une mère poule, or sa présence soutenait moralement et socialement les deux utérins jusqu'à ce que l'aînée fût mariée à un revenant du front de l'armée française ayant et que le cadet fût bien bâti pour faire face à la vie.

Pourtant toute peine mérite salaire : j'étais l'unique récompense que Dieu « infligea »à ma mère ce qui atténua, en vérité, la houle de rumeurs que les voisines faisaient propager l'accusant d'une stérilité certaine.

Serait- il possible que, retardataire à ma naissance, cette mission accordée à ma mère soit sa prédestinée pour mener à bien la couvée des deux infortunés ?

Notre maison se signalait dans la cité par son grain de générosité, notre porte était souvent ouverte à tout venant qui n'était pas méconnu par les gens du foyer. Balacen, le berbère, tel on le nommait dans le quartier était un homme particulier, quoiqu'il ait une cinquantaine d'années, ses idées de jeune, sa façon de s'enharnacher et ses manières gracieuses de discourir faisaient de lui une personne de prédilection et de sa maison un pôle d'attraction. Mon père entretenait notre maison de la manière la plus adéquate, surtout les week-ends et les jours fériés ; il en profitait pour assouvir son désir à fumer du cannabis. Toutes les conditions pour atteindre le nirvana n'y manquaient souvent pas : assis sur des peaux de moutons autour de la « sinéa » la chinoise ; un plateau à thé plein de verres décorés en fresques végétales, les fumeurs de l'herbe verte se passaient le « sebsi » le calumet à intervalles réguliers après l'avoir bien rempli avec beaucoup d'application de l'hallucinogène que l'on prenait d'une tabatière en cuir de chèvre en utilisant l'index pour comprimer la matière combustible.

-Essaie cette prise, c'est de la bonne qualité, et laisse toi emporté au-dessus des nuages, disait le berbère.

-Elle est trop forte ; mais il me semble qu'il lui manque une petite dose de tabac, rétorquait l'un des hôtes après avoir émis deux toux successives à faire expulser ses yeux de leurs orbites.

-il parait mon vieux que tu n'es plus capable de consommer ces trucs ; commenta le berbère d'un ton ironique.

Les fumeurs continuaient leur séance de plaisir, de temps à autre, ils ponctuaient leurs discours par des gorgées de thé glacé restant dans le cul de leurs verres.

Tout au long de la réunion de fins connaisseuses de l'herbe verte, l'espace de leur monde insolite s'embellissait par le passage en vol de petites comètes incandescentes traçant dans le vide des courbes proportionnelles au souffle de chacun.

Le dealer qui les approvisionnait venait des jardins d'oliviers qui se trouvent à un quart d'heure de marche de la cité des ouvriers. Il n'était pas en réalité stupéfiant, mais il connaissait ceux qui montaient un commerce illicite dont la marchandise de fond était le cannabis. L'intendant était un maraîcher au teint chocolaté, d'origine « sahraouie » du Sahara et dont les produits potagers et fruitiers étaient bien convoités par tous les ménages du quartier. Sa régulière apparition suscitait toujours la joie des bambins ; et il ne manquait, lui non plus, de brûler quelques calumets. L'homme venait s'adosser contre le mur de notre demeure tout en abandonnant sa charrette tirée par un vieux bidet étique aux dames et aux enfants pour bien déguster sa prise de l'herbe aromatique. Jamais, il n'avait fixé de prix pour telle ou telle marchandise. Il se laissait même pillé par les mômes et les femmes qui, à leur plaisir, empoignaient de tous, en abusant à étoffer le plateau de la balance ; celles-là avaient carte blanche à peser la masse désirée elles-mêmes. Celui des autres, résidait dans la mise à sac des fruits de saison et on finissait souvent par se jeter avec leurs écorces ou leurs pépins tout en se laissant emportés par une folie de joie.

III

A la compagnie, il fut décrété que tout employé doit effectuer une fois par an un diagnostic médical dont le suivi était accordé à une commission présidée par le docteur Mouline. Et ce, dans le cadre de la salubrité des ouvriers qui, à longueur de temps, sont exposés à la nocivité des produits chimiques synthétisés lors du raffinage.

A l'instar de ses collègues, Balacen subit au test dont le résultat s'annonça positif. Suite à cela, le chef de la commission médicale le convoqua à l'infirmerie attenante à la direction locale de la société. Il lui parla en aparté de son cas. Ces clichés-là démontraient l'existence d'une tache noire au niveau de son œsophage.

-Eh bien, ajouta-t-il, tu dois reprendre de nouveau ces analyses que je t'ai inscrites sur cette lettre confidentielle. Tu l'apporteras urgemment au laboratoire Pasteur à Casablanca…. Tiens, les mesures que nous sommes en train de prendre sont dans le dessein d'anéantir un doute qui nourrit notre hypothèse sur l'éventualité de l'existence d'un pathogène. Ne t'inquiète pas, tout se passerait bien inch' Allah.

Le berbère écoutait le docteur avec beaucoup de sang froid comme un anglais, mais avant de quitter l'infirmerie, il esquissa un léger sourire imperceptible et répondit :

-Ecoutez docteur si la volonté de Dieu, le tout puissant, veuille que je sois éprouvé dans ma santé, je ne puis que l'accepter. On est bien des croyants, n'êtes-vous pas de mon avis ? Sans attendre la réaction du toubib, il poursuivit son discours d'un ton rassuré que ses paroles impressionnaient le médecin.

Trois jours après leur interview, mon père regagna son poste. Il déposa un pli collé par un adhésif au bureau du chef de service médical qui, d'habitude, ne se présentait à son poste qu'au-delà de neuf heures. Ce dernier fut informé par sa secrétaire. Il ouvrit le courrier, déchiffra son contenu et soupira profondément. Comment devrait-il informer le concerné du cancérogène qui lui rongeait la gorge ? Il savait que le malheureux témoignait d'une grande maturité et de sagesse ; à moins que l'impact de la mauvaise nouvelle fût si intense sur les membres de sa famille ainsi que ses amis.

La déclaration du toubib était perçue comme une mort annoncée. Pourtant, mon père ne s'abstint plus net à brûler du cannabis. Il acceptait en quelque sorte son destin inéluctable comme un héros de la tragédie humaine ; il ne voulant pas se priver d'un plaisir que la mort lui ôterait, il en profitait encore.

Ainsi, périssait-il mois après mois, semaine après semaine, jour après jour. Par une sacrée nuit du mois du Ramadan, mon père s'éteignit à la manière d'une bougie étant consumée pour éclairer les tristes nuits des gens éveillées à son chevet.

L'enterrement du défunt se déroula le lendemain dans l'absentéisme inopiné de son fils aîné qui travaillait chez un tel Achour, illustre cadre au siège de la compagnie pétrolière sis à la capitale. On eut beau l'informer de la mort de son père par le biais d'un télégramme d'urgence, kaceem n'avait pas laissé de référence exacte. Alors ce ne fut qu'après plusieurs tentatives pour le rejoindre que finalement monsieur Achour apprit la mauvaise et l'envoya aussitôt.

Arrivé en retard, mon frère aîné n'assista pas aux honneurs funéraires de notre père perdu, garderait-il rancune pour ceux qui eurent pris la décision de l'inhumation de la dépouille ? Il s'en voulut à tout le monde, j'estime bien sa réaction car il est normal que cela puisse arriver à toute personne de manquer une cérémonie funéraire, mais pas celle de son père.

La tradition et le bon usage des mœurs funèbres exigent que l'on soit généreux avec le mort si on hâtait son ensevelissement. Une grande peine envahit notre maison qui, du jour au lendemain, perdit son pilier et son soleil dans un jour d'été où la chaleur ne manque naturellement pas.

La disparition de mon père nous annonça une guerre infernale contre la vie qui, quelques temps plus tard, nous montra ses crocs. Nous dûmes nous y engager, puisque notre petit bien principal résidait dans la petite maison héritée et la maigre pension réduite à moitié sous prétexte que la position statuaire d'un agent décédé avant sa retraite, outre l'âge de son épouse n'ayant pas encore atteint les soixante ans ne nous permît pas de toucher un peu plus d'argent que cela. Quelle serait la situation en présence de madame Ricard ?

Mon frère avait, en ce temps-là, l'âge propice lui permettant de succéder à son père pour assumer la responsabilité de la gestion ménagère, mais ayant abandonné son poste chez son patron à Rabat, il se retrouva inapte à le faire, réduit au chômage, il passait des années sabbatiques dans la maison paternelle et ne quittait sa litière que par de grâces matinées.

Un jour, poussée par la volonté d'une vraie mère, sa marâtre lui dit :

-Il est de ton intérêt de vaincre ton oisiveté pour passer à l'action que le devoir t'exige ; essaie de voir en clair autour de toi, la vie est devenue impitoyable. Les jeunes de ta génération postulent pour des postes titulaires au sein de la compagnie ; n'es-tu pas toi aussi un fils d'ouvrier ?

- si, mais mon père ne l'est plus maintenant et puis ce n'est plus du tout comme avant.

- qu'est-ce qu'a changé hein ? Puis, ton père avait une bonne réputation. On prendrait ton cas en considération, tu as le droit de le remplacer, essaie de me comprendre pour une fois mon fils, je ne peux plus tenir au coup qui me tue en te regardant ainsi. Ton frère aura besoin de toi, tu es maintenant tout pour lui.

Ma mère essayait de le dissuader avec toute l'essence qu'elle possédait mais en vain. Elle se déployait elle-même pour lui trouver un poste vacant en se baissant à baiser les souliers des hauts cadres de la société. Elle ne se lassait point de les conjurer et de faire le point de notre situation sociale, heureusement que ses efforts n'étaient pas vains. Enfin, mon frère fut recruté avec un statut d'ouvrier titulaire.

Cependant, le vent souffle dans la direction inverse de ce que désirent les voiliers. Mon frère s'est montré récalcitrant à prendre le témoin que portait son prédécesseur dans la course infinie de la vie. Il décida, juste quelques mois de sa titularisation, de faire sa propre vie loin de la maison paternelle en se mariant avec une fille voisine. Son geste était perçu par les habitants du quartier et même de quelques personnes de connaissance tel une trahison impardonnable, ainsi qu'une offense à la morale familiale.

IV

Suis-je victime d'une naissance tardive ou bien d'un destin malheureux ? Orphelin dès l'âge de deux ans, j'étais la fleur fine qui devait repousser au milieu d'un champ de résineux touffu de ronces piquantes qu'il m'était presque impossible de m'en sortir indemne. Je portais alors au fond de moi une blessure trop profonde due d'abord à la perte à jamais d'un père, ensuite à l'abandon d'un frère pourtant pas utérin, mais qui pourrait en toutes conjonctures remplir un vide affectif qui, tant que j'accrois tant qu'il s'enfonce en moi, surtout que nous vivons dans une société patriarcale. Le seul être qui me restât pour colmater cette profonde lacune était ma mère. Elle, à son tour et pour diverses raisons sociales, m'abandonnait, me confiant tantôt à des voisines pour aller chercher du travail sur la place du marché ou dans les jardins d'oliviers lors des vendanges, tantôt à moi-même dans mon lit après qu'elle me couche pour aller assister à des cérémonies nocturnes chez une voisine qui se trouve à quelques pas de chez nous, et qui de temps à autres, organisait des rituels diaboliques afin de guérir certains de ses maux psychiques . Celle-là était adepte de la confrérie de H'madcha, troupe de musique spirituelle qui, depuis toujours travaille sur le thème du soufisme comme matière première afin de guérir les problèmes de santé de ses fidèles.

Lorsque par un beau clair de lune, les rayons de cet astre venaient à pénétrer dans ma chambre par la petite lucarne située au-dessus de la porte, mon regard contemplatif était porté vers les amples vêtements accrochés au mur. Je distinguai dans la pénombre des formes étranges, on dirait des corps de femmes dépourvus de leurs têtes ainsi que de leurs membres, des silhouettes qu'au début étaient inertes, et d'un coup, s'engagèrent à esquisser des mouvements étranges à la cadence d'une mélodie grave qui déchirait le silence de la nuit et qui ne cessa non plus de s'accentuer dans mes oreilles.

Soudainement, je poussai un cri strident à ressusciter les morts de leur éternel sommeil. Personne ne me porta secours puisque j'y étais tout seul et quoique je fasse, mon appel de détresse n'aurait pas de chance à atteindre son objectif dans la cacophonie qui emplissait le vide de la nuit.

Poussé par l'instinct de la peur, je me dirigeai tout droit vers le lieu où se tenait le spectacle de sabbat. Ma mère étonnée, m'accueillit comme un paquet entre ses deux tendres bras et me dit :

- tu t'es réveillé ? Qu'as-tu mon enfant ? T'es tout ruisselant de sueurs. J'espère que tu ne souffres de rien?

Elle m'étreignit très fort contre sa poitrine et me relâcha.

Oh !si ma mère savait ce qui me faisait mal !

Interloqué, je ne répondis pas à sa demande. Elle me plaça sur ses genoux et j'avais sous les yeux un spectacle étonnant dont les principaux acteurs étaient des hommes et des femmes. Cela commençait par de légers sobres sauts qui, avec la cadence croissante de l'ensemble des instruments musicaux traditionnels, s'accentuaient. Un répertoire original, une lutte inouïe. D'un côté les charmeurs sifflaient avec leurs clarinettes. De l'autre, des najas ou des monstres aux chevelures défaites qui tombaient pêle-mêle sur leurs figures et qui, par moment se dégageaient pour laisser entrevoir les sorcières dans leurs ouvrages, se tordant et se tortillant dans des mouvements convulsifs en exécutant une danse envoûtante de transe thérapeutique.

Quant aux percussionnistes, ils se colletaient avec les canons qu'ils portaient juchés sur leurs larges épaules et qui, par synchronisation, lançaient des projectiles de vibrations graves. La séance thérapeutique pouvait s'étaler sur plus de trois heures jusqu'à ce que toutes les patientes tombent de tous leurs poids sur le sol, délivrées de leurs démons psychiques. C'était alors le tour de ma mère qui revivifia les patientes à l'aide d'un mouchoir imbibée de parfum alcoolisé qu' elle appliquait soigneusement sous leurs ouvertures nasales dans l'espoir de les relâcher un peu d'un spasme aussi fatal que celui d'un guerrier touché par une balle volante. Le lendemain on ne souffrait plus de rien et la vie reprenait son cours normal....

Pourtant, il n'y avait pas de remède efficace à nos problèmes psychiques à nous, moi et ma mère, surtout qu'un incident social se déclencha entre elle et mon frère kaceem qui depuis bien peu de temps conçut un plan de nous abandonner à la merci de l'impitoyable vie. Je sentis que nous appartenions à deux mondes différents et qu'aucun lien de sang n'eut jamais existé entre nous.

À l'issue de chaque mois, ma génitrice lui renouvelait sa demande à contribuer financièrement aux dépenses quotidiennes de la maison. Il lui jetait deux billets qu'elle lui refusait en raison de leur insuffisance même pas pour se trancher le fil de ses jours. Et sans avoir honte, le donateur les ramassa et les remit dans sa poche avec beaucoup de sang froid puis, il repartit vers sa tentatrice. Je ne reconnus plus mon frère à cause de son nouveau déguisement, son masque de haine et de sadisme qu'il se procura de son premier salaire et derrière lequel se cachait l'humain malgré tout. Qu'est ce qui change le monde ? L'argent ?

Ma pauvre maman pleurnichait silencieusement dans son for intérieur et si une de ses larmes se hasardait à couler tout le long de son duvet, elle tombait droit sur mon cœur, y creusant des ravins de peine et de chagrin que l'obscurité de la nuit rendit énorme. Par moment, des reniflements suivis de profonds soupirs se faisaient entendre et même des oraisons de plaintes prononcées doucement ne manquaient pas leur chemin à mes oreilles.

-Ô dieu ! Votre clémence ! Rendez-moi la force et la sagesse ! Depuis que le mat de cette embarcation a craqué, je

21

prends la barre et la mer de la vie ne cesse d'accroître, nos voiles sont déchirés à cause du vent qui nous a conduits jusqu'ici, pris entre les lames et les brisants, on commence déjà à prendre de l'eau de partout, Ô ! Que votre clémence ne manque nulle chose!

Je me rappelle lui dire un jour hors de lui.

-Ecoute femme, depuis que les voisins ont commencé de jaser sur nous à cause de tes jérémiades, la vie dans cette maison devient insupportable. Pourquoi me voulez-vous du mal ? Que t'avais-je fait pour que je sois traité de la sorte ? Eh bien, je m'en vais d'ici et vis comme bon te semble…

Il sortit en claquant la porte derrière lui sans même écouter la réaction de son ancienne alliée devenue sa véritable ennemie. Ma mère, furieuse, lui criait de toute sa force afin que ses propos l'atteignent malgré son éloignement à pas pressés.

- va espèce d'ingrat tant qu'il te plaira de partir, mais sache que c'est de ta propre décision et que je ne t'ai jamais forcé à partir de votre maison. Tu le regretteras. Le temps est susceptible de te dévoiler tes bavures , à ce moment-là, je te le rappelle, ce serait trop tard. J'avais cru que t'es un vrai homme qui prendrait le relais de son père, il est évident que tu n'es qu'un lâche, un soumis qui se laisse guider par ses instincts. Quel gâchis !

Mon frère avait le droit de faire sa propre vie de la qualité qu'il lui semblait bon car, enfin, c'est lui qui assumerait les conséquences en cas d'échec, mais je ne compris point pourquoi maman s'y interposait. Peut-être que sa crainte de nous lâcher définitivement l'avait poussée à réagir de la sorte.

La métamorphose immédiate à la quelle subit mon frère laissa ma mère douter de comportements superstitieux responsables à traîner le poulain derrière sa jument. Elle consultait de manières itératives des voyants pour des prédications concernant mon frère et la possibilité que celui-là soit sujet de sorcellerie. Le doute de ma mère n'était pas vain et les voyants le confirmaient, ce qui avait déclenché l'étincelle de feu entre notre maison et celle de la tentatrice de mon frère.

Mon cœur était un terrain fertile foulé par deux lutteurs très connus. J'étais partagé entre deux choix, un dilemme que le destin m'imposa, de quel camp je devais m'aligner ? Pourtant, l'expression me manquait pour me déclarer neutre dans cette bataille matricide. Les soucis transformèrent la face de mon aîné, il devenait pâle comme un cadavre. On dit que les soucis ferment l'appétit. Ne mangeait-il pas bien ? Ne s'accommodait il pas à sa nouvelle vie ? Il ne tenait plus à son élégance habituelle, je l'aimais, mon frère. Chaque fois que je le croise dans la rue, il était enveloppé dans les mêmes vêtements décrépis et usés, jamais il n'avait porté d'habits pareils. Quand il m'embrassa, je sentis les poils de son visage se dresser contre mes joues d'enfant comme des cactus. Ses cheveux drus étaient des mèches rebelles me donnant l'impression qu'il avait lui aussi au fond du cœur une profonde déchirure, je pressentis qu'il souffrait lui aussi, mais ne voulant pas perdre la face il n'osait rien dire. Il paraissait que mon frère subissait aussi un autre assaut. Il ne pouvait pas combattre sur deux fronts. Il devait faire sa nouvelle vie loin de la maison de ses beaux-parents. Il était à ses débuts et l'argent lui manquait pour réaliser avec urgence son rêve, c'est pourquoi il vint quémander sa part de l'héritage à sa marâtre qui, au début, refusait de la lui donner à cause de mon bas âge ne lui autorisant pas de formuler cette demande selon la charia : j'étais encore sous le tutorat de ma mère qui avait le droit de maintenir la propriété entière jusqu'à ce que j'atteigne ma majorité. Cependant, après de longues discussions avec un avocat proche de la famille, celui-ci lui proposa de finir avec cette affaire puisque la valeur estimable à verser au compte de mon frère n'était pas trop onéreuse en comparaison avec ce qu'elle deviendrait dans presque une décennie, ils sont trop persévérant ces avocats ! Ma mère passait et repassait la proposition de l'avocat dans sa tête. Elle s'était résolue à satisfaire la demande de mon frère avant qu'il ne soit trop tard, elle le convoqua à la maison et en présence de deux voisins intermédiaires, on discutait ; se négociait et tout se passait bien. Mon frère s'était montré très coopératif, avait-il besoin d'argent ou regrettait-il ses précédentes actions ? je savais que mon frère ne pourrait en aucun cas avoir de mauvaises intentions et puis, ce qu'il faisait s'inscrivait dans le cadre de ses droits fondamentaux, je ne garde aucune rancune contre lui pour la misère où nous étions traînés, c'est la vie qui est ainsi faite pour nous. Alors, maman devait se dépouiller de ses bijoux et du meuble sophistiqué de notre maison pour mettre de côté le montant dû à mon frère. Je voyais sortir de notre cuisine et des autres pièces un patrimoine que même les trésors du monde ne puissent remplacer, cette procédure nous mettait sur la paille et la vie redoubla de menace. Nous nous trouvâmes donc dans l'obligation d'offrir une chambre à abriter les oiseaux de passage, une sorte de pensionnat pour les étudiants car mon école bien que gratuite soit elle, elle demandait d'autres dépenses à savoir le vêtir et la bonne nourriture. En outre, les factures et les impôts ne pourraient pas attendre.

V

Kaceem célébra son mariage pendant les vacances de l'été suivant, ma mère n'y assista pas sous prétexte qu'elle avait déjà programmé ses vacances à rendre visite à sa belle-sœur dans le Sud. Elle ne l'avait pas vue depuis le décès de mon père et elle pensait aussi que c'était nécessaire pour moi de faire connaissance avec ma tante paternelle. Si elle restait, elle ne supporterait pas sa défaite à interdire le projet de mariage de mon frère et qu'un malheur pourrait lui attraper. Il venait la supplier d'assister en moins à cette unique nuit de noce. Je repentis que ma mère ne lui rendit pas cette faveur. Une semaine plutôt, ma mère et moi, partîmes pour Tiznit. Nous roulâmes toute la nuit à bord d'un autocar dépourvu de toutes les conditions du confort. Bien que la distance paraisse interminable. La plupart des usagers de ce trajet le faisaient pendant la nuit de crainte que les coups du soleil ardent de l'été les assomment avant leur arrivée à destination. Nous traversâmes des routes escarpées, creusées sur les flancs de l'Anti-Atlas .Au moindre coup de volant ou à la moindre somnolence du chauffeur, le véhicule déboulerait sur le flanc de la montagne comme un impressionnant rocher pour finir sa course au fond du ravin et ce aurait coûté la vie à tous les passagers sans exception. Le voile de la nuit couvrait tous mes horizons et me privait de la beauté du site parcouru, mon minuscule corps d'enfant ne supportait plus la fatigue du voyage nocturne dans ces conditions extrêmes. Je sombrai dans un sommeil profond achevé par le grincement des freins qui, à leur tour, mirent fin à notre périple. C'était juste le petit matin ; j'ouvris les yeux sur un décor féerique que je me croyais être sur la planète Mars. Tout était ocre et la ville me sembla morte depuis bien longtemps, un peu plus tard, un léger mouvement jaillit du silence m'effaçant au fur et à mesure ma première constatation, ma mère me dit : -bienvenue sur la terre de tes ancêtres ! Bientôt tu verras ta tante Zora, elle sera, sans doute, très contente de nous voir venir chez elle…. Maman continuait son discours tandis que j'étais sous le choc de l'alunissage. Nous marchâmes le long d'une avenue, ma mère proférait des paroles qu'elle adressa à soi-même, je compris que la nostalgie des lieux et du beau vieux temps l'avait regagné de nouveau, notamment qu'elle était accompagnée de mon père. Elle gardait dans sa mémoire d'éléphant les moindres détails de leur dernière promenade d'il y avait presque quinze ans. Rien n'avait changé l'aspect de la petite ville, sauf le peu d'asphalte qui recouvrait les chemins de l'avenue que nous empruntions. Une odeur de menthe me raviva et me tira de ma stupeur à la vue de ce nouveau monde où les femmes s'enveloppaient dans des draps noirs ne laissant apparaître que leurs grands yeux noircis à l'antimoine. Lorsque nous arrivâmes devant la maison, maman tapa la porte par son marteau. Tout de suite, ma tante, une vielle dame qui ressemblait à celles que nous avions croisées sur notre itinéraire, se présenta à l'entrée. Elle semblait nous n'avoir pas reconnus du premier coup, elle parla berbère, mais maman lui avait répondu en arabe dialectal. - Comment vas-tu belle-sœur ? Tu ne vas pas nous garder pas aussi longtemps sur le seuil de ta porte. Je te présente ton neveu, il a grandi et tu ne peux pas le reconnaître maintenant. La vieille s'effaça de notre chemin et d'un geste nous autorisa l'entrée dans sa vieille et assez grande maison. Je sentis une sorte de froideur dans son accueil mais ma mère m'informa plus tard que c'était ainsi son trait de caractère. Nous partageâmes ensemble notre premier repas et nous nous livrâmes au sommeil jusqu'à la fin de la journée. Le soir, les deux femmes papotaient longuement à la lumière d'une bougie qui dansait sur le mur en terre battue et au-dessus duquel passaient des matous aux poils hérissés. Ces chats étaient les seuls compagnons de ma tante dans son spacieux univers. Il semblait refuser la présence des intrus. Un léger frisson me traversa la peau quand j'entendis les chats hostiles, depuis la première nuit, à notre présence dans leur territoire, manifester une sorte de fureur dans une sorte de miaulement furibond. Ma tante Zora vigilante à cette réaction leur parla dans un jargon qui m'était complètement anonyme comme si elle voulait leur dire qu'il en était assez, que nous n'étions pas des étrangers pour que nous soyons accueillis de la sorte. Il y avait dans cette scène plusieurs éléments baroques qui aussitôt me mirent l'esprit en feu à la recherche d'une réponse rationnelle.

- Comment est-ce que vous parlez à des bêtes qui ne comprennent pas notre langage ?

- C'est vrai qu'ils sont des créatures différentes de nous humains, mais ils ne sont pas aussi bêtes comme tu le crois. Ce sont mes uniques enfants qui m'obéissent aveuglément et leur réaction de tout à l'heure est tout à fait naturelle puisqu'ils ne sont pas habitués à voir traîner des hommes par ici, me comprends-tu fils de bon augure ! Le saugrenu contenu dans la réponse de notre hôte m'intriguait tellement que je m'anéantissais dans une espèce de fantasmagorie, notamment que le cadre qui s'offrait à mes yeux ouvrit dans ma tête une nouvelle page qui devait s'ajouter aux merveilleux contes de mille et une nuit. Je me voyais dans un antique château en ruine, un vieux fort occupé par une seule impératrice faite de la chair humaine alors que toute la plèbe sous son règne appartenait aux forces invisibles qui ne se manifesteraient qu'à travers des félidés domestiques. Nous étions les ambassadeurs de la paix. J'avais l'impression que nous y fumes réfugiés afin d'y trouver un asile provisoire, chaque fois que notre impératrice s'arrêtât sur certains détails de notre cause elle agitait sa canne qui lui servait de spectre dans un mimique explicatif. La piqûre d'un moustique suicidaire que j'écrasais avec une claque aussi forte que rapide me tira de ma rêverie. Ma mère m'ordonna d'aller laver mes mains pour le dîner qu'elle nous servît aussitôt. C'était un délicieux ragoût à vous grignoter les doigts après.

Tard dans la nuit, le sommeil fuit nos paupières alors que ma mère entamait dans un chuchotement une longue diatribe dont le sujet était le mariage de mon frère.

- écoute belle-sœur il arrive des moments où le diable verse sa goutte d'absinthe dans la coupe du bonheur, ton neveu va se marier avec une certaine voisine qui poursuit ses études au lycée. Je ne voulais faire la diablesse en m'interposant à son projet de bonheur avec des pratiques maléfiques mais ce qui me tourmente vraiment c'est la situation dans laquelle il nous a traîné.

- Cela ne changerait rien puisqu'il est bien décidé et tu n'avais qu'à le lui bénir ...mais de quelle situation parles-tu exactement ?

- Tu ne te rends pas compte qu'il s'est déjà engagé moralement à se marier avec Rachida la fille de son cousin Hassan qui habite à Essaouira. ?

- Quand est-ce que cela s'est-il fait ?

- du vivant de ton frère, une correspondance entre les deux était entretenue et des mots câlins embellissaient les interlignes de leurs lettres. Hassan, le père de Rachida, n'était pas dupe, il prévoyait donner sa fille à quelqu'un de sa famille qui, en moins, saurait la protéger. Il lui en parla de la chose et lui disait qu'elle ne trouverait pas mieux que lui. L'homme se prenait la peine de faire la longue distance depuis Mogador jusqu'à nous. Il n'était pas du tout mal intentionné quand un jour du mois de Ramadan il apprit la mauvaise de la bouche de kaceem. Il ne tenait plus à sa promesse sans raison, alors Hassan frustré, se senti offensé dans sa dignité et dans celle de sa fille qui pourtant brillait dans ses études. Il ne remit plus les pieds chez nous.

Je savais maintenant pourquoi maman ne tolérait pas le projet de mon frère. Elle pensait que la trahison à l'égard de son cousin et sa fille souillerait notre réputation au sein de la famille. Elle voudrait bien le porter à la raison .Toutefois, l'amour aveugle la raison et guide son sujet à la dérive de ses sentiments.

Le lendemain, nous sortîmes à la découverte des trésors de la ville. Ma mère m'était un très bon guide, elle me proposa d'aller visiter le souk de bijouterie en me promettant des surprises inédites. Je soupçonnais que le site où nous étions allés m'intéresserait plus qu'elle. Souk Si Belaid de l'orfèvrerie se trouvait au centre de la vielle médina, de l'autre côté d'une porte cochère qui donnait sur l'avenue menant à la station routière. Véritable galerie en forme carré où les boutiques exposaient leur meilleur éventail de l'artisanat ancestral dans une parfaite harmonie.

Nous nous arrêtâmes devant une vitrine, ma mère regardait avec engouement la marchandise étalée au plaisir des visiteurs locaux et étrangers. Ma taille ne me permit pas de me jeter au fond de l'océan du métal blanc qui depuis l'antiquité regorge des secrets inédits et qu'aucune personne ne sut dévoiler. Ne serait-ce pas de cela qu'elle me parlait.

- bonjour monsieur, qu'est-ce que vous nous proposez comme nouveaux modèles, demanda ma mère à l'orfèvre.

Je croyais que ma mère était de substituer le pactole de bijoux dont elle s'est dépouillée par quelques articles en argenterie mais sa demande n'était pas du tout sérieuse. A l'écoute du timbre de sa voix, le ciseleur leva les yeux, nous regarda un petit moment, il semblait stupéfait et répondit :

- Madame ne serait-elle pas une vieille cliente de notre boutique ? Voudriez m'excuser madame si je me portais curieux mais que désirez-vous exactement ?

La courtoisie de l'homme m'alla droit au cœur, je crois que son métier lui exige de l'être.

- Ne vous en faites pas, je le suis depuis le beau vieux temps quand je venais chaque été avec mon mari ici au sud du pays ....

Le monsieur interrompit l'explication de son interlocutrice et lui demanda avec enthousiasme

- N'es-tu pas l'épouse de Balahcen le frère de Zora qui habite actuellement au nord ?

- Si, je le suis mais mon mari a changé d'adresse pour aller s'installer dans sa dernière demeure. Voici notre fils je l'emmène ici pour connaître ses vraies origines.

Le vieil ami de mon père de son corps imposant s'assit brusquement sous l'effet de l'information que ma mère venait de lui communiquer. Il était profondément ému, il restait pensif pendant quelques instant sans prononcer un mot et d'une voix blanche, il s'attaquait à ma tante Zora dans un pamphlet ininterrompu. Il se plaignait qu'il n'arrivait jamais à comprendre le caractère de ma tante. Des fois les gens de sa maison venaient lui rendre visite, elle ne leur ouvrait même pas la porte.

A cet instant-là, une phrase que mes oreilles avaient repêchée la veille, lors du commérage des deux femmes, me traversa l'esprit. , je conçus tout de suite que le comportement de ma tante relève de sa méfiance dont elle faisait témoignage depuis qu'elle ait été arnaquée par une femme qui venait lui tenir compagnie et passer des nuits chez elle. Cette femme inconnue -à nous- lui piquait une bonne part de sa richesse en argent. C'aurait été trop dur sur elle étant donné que la femme berbère avait toujours entretenu une relation d'amour et d'amitié avec ses bijoux depuis toujours. Après cet échange de nouvelles entre le bijoutier et ma mère, il nous présenta à ses fils qui l'aidaient dans ses ouvrages méticuleux. Nous étions alors invités à boire un verre de thé à l'intérieur de son atelier, qu'il prépara lui-même avec le même talent qu'il mettait dans la fabrication des plus complexes chefs d'œuvre de la parure féminine. Depuis lors, chaque visite que j'avais entreprise à la bijouterie était passionnante que sa précédente. Au jour le jour, je partais à l'exploration d'un patrimoine ancestral. Maalem Najem dirigeait les ouvrages des pièces ornementales avec beaucoup de minutie. Avec un petit pince dans une main, et un minuscule chalumeau dans l'autre, il fixait sa pièce contre un support de plâtre, lui donnait la chaleur nécessaire et d'un pied à coulisse, il mesurait le calibre de ses modèles, en même temps il gardait un œil sur ses apprentis chargés de remplir le vide des formes surréalistes en perspective de création par des brindilles du métal blanc.

Quand une imperfection ou une lacune lui sautait aux yeux, tout de suite, l'artisan déposait son matériel sur une table métallique couverte d'un taffetas noir et sur laquelle juchaient des milliards de points lumineux comme des étoiles éparses sur le voile de la nuit et s'acharnait par des invectives à l'adresse de ses fils apprentis.

J'assistais pendant tous ces temps-là avec beaucoup d'admiration à pareilles séquences d'enseignement artisanal, à la transmission, de père en fils, d'un savoir-faire dont les secrets ne seraient jamais divulgués à aucun étranger dont moi-même.

L'émerveillement que procure les magnifiques créations surréalistes faites de la main d'un artisan chevronné me dépassait pour ainsi courtiser une multitude de touristes occidentaux, aussi entraient-ils dans le temple aux trésors inestimables. Ils n'étaient pas par conséquent insensibles à leur effet magique et ils demandaient les moindres secrets des histoires mythiques que pourrait suggérer chaque accessoire par l'ensemble des hiéroglyphes et des dessins exécutés avec beaucoup de précision et de talent.

Je trouvais à mon tour un immense plaisir à voir ces clients particuliers proférer des sonorités douces à mes oreilles. Leurs yeux colorés et leur peau transparente de blancheur berçaient mon imagination à la recherche d'une escapade aussi fantastique dans une culture que je me sentis instantanément soif à découvrir. Combien avais-je désiré établir un affectueux contact avec leur univers ! Malheureusement, le code me faisait défaut et dans mon subconscient j'enterrai une passion dévorante, un amour inavoué à une culture idolâtrée sans précédent.

Le voyage à Tiznit nous était plein d'intérêt à nous réorganiser mentalement bien loin d'un champ miné très abondant de bombes à retardement ayant déclenché une fois la haine et le malheur dans la vie de famille, une occasion propice pour nous ressourcer de patience et de courtoisie dans un pays où ces alois ne manquaient plus.

VI

De retour à la maison vers la fin de l'été, la tension fébrile, ayant projeté mes proches dans une rivalité infernale, s'adoucissait graduellement comme si le vent d'automne emportait, dès son premier souffle, les feuilles rancunières que chaque antagoniste vouait pour l'autre. Mais qu'en était-il pour moi ? J'étais au cœur d'une ribambelle de nouvelles péripéties qui, à longueur des années ne cessaient d'affecter ma délicate sensibilité d'un adolescent contrarié par la misère et l'incommodité de la vie. Toutefois, il fallait acquiescer, malgré tout, le destin salvateur qui avait frappé notre maison. Ainsi des locataires s'étaient succédés à loger dans l'une des trois petites pièces, puis dans l'autre quelques temps plus tard alors que nous occupions le salon. Si jamais plus que deux personnes de nos proches nous rendirent visite et ne purent repartir le jour même, on se retrouvait serrer là-dans comme des sardines dans une boîte de conserve   Je me souviens avec beaucoup d'amertume qu'un jour, une vieille femme, dite de la famille, embarqua chez nous pour la première fois. Je ne me sentais pas à l'aise à la vue de son visage ridé, parsemé de verrues et au milieu duquel se développait une image hideuse par le globe bien gonflé de son œil droit alors que celui de gauche abîmé se creusait jusqu'au fond de son orbite, elle était enveloppée dans une liasse de tissu multicolore et le tout m'évoquait l'image d'une sorcière des contes de fée. Le pire encore c'était au moment où nous nous mîmes au lit, avec sa voix enrouée, elle émettait de sa bouche à moitié édentée des paroles incongrues, lourdes à admettre dans le silence de la nuit. Par moment, elle tirait de son paquet de tabac noir une cigarette qu'elle brûla aussitôt à son gré, sans pudeur et sans même penser à notre présence, j'étouffais aussi bien au flair de la fumée qu'elle dégageait de sa cheminée que de son odeur Etant adolescent, j'adoptais une révolte obscure et secrète contre l'ensemble des scènes produites et reproduites devant mes yeux et auxquelles je m'épargnais d'y participer. Je m'hypnotisais alors dans un monde idéal que mon imaginaire me faisait dérouler et enrouler sous l'impulsion de ma propre volonté. Je me donnais une liberté totale pour me laisser guider par la multitude de velléités suggérées par les désirs capricieux d'un jouvenceau. Au bout d'un laps de temps, notre maison se transforma parmi des centaines d'autres dans la cité en un pensionnat favori pour des étudiants venant des faubourgs de la ville en vue de la poursuite de leurs études collégiales et lycéennes. La majorité de nos pensionnaires étaient des filles dont la beauté naturelle et paysanne éveillait en moi un fanatisme ardent. Ma mère qui ne dormait pas sur ses oreilles avait toujours un œil sur mes réactions hasardeuses à les aborder. Toutes mes tentatives de débutant étaient souvent avortées alors que dans mes chimères nocturnes je brûlais d'impatience que mes doigts avançaient sur mon corps comme les flammes sur la steppe pendant la mousson, se promenaient sur la toison de mon pubis. Il n'y avait personne devant moi pour lui mordiller les lèvres et lui embrasser dans les lobes des oreilles, je poussais des gémissements sourds que personne ne pouvait entendre malgré le calme qui emplissait les lieux. Sous le noir accumulé de la nuit et du drap qui me couvrait je m'engouffrais à exaucer les voluptueux désirs de mon premier rapport sexuel avec une partenaire utopique, je me livrai à un auto-érotisme, à un plaisir solitaire que seul l'extase de mon orgasme pouvait atténuer.

La série de bouleversements immédiats dont j'étais inévitablement l'arène n'arrêta en aucun moment mon esprit d'adolescent sur l'origine de l'ensemble de mes transformations aussi bien physiques que morales. Inconsciemment, je cédai aux grandes opérations qui constituaient le socle de ma personnalité, et auxquelles j'étais très vulnérable. Malheureusement aucune attention de la part de mes proches ne m'avait été accordée si ce n'était que les traditionnelles remontrances et supplications que ma mère me faisait chaque fois que je désirasse côtoyer une éventuelle jouvencelle.

Elle ne se lassait jamais de m'exhorter à abandonner le monde charnel des gonzesses et des mignonnes qui peuplaient mon imagination. Je devais centrer mes efforts pour réussir mes études et que la séduction éphémère des nénettes pourrait m'exposer au déboire de la dérive.

Souvent je partais à la recherche de la sagesse chez des personnes plus âgées que moi. Ma mère avait été trop réservée à me parler du printemps de sa jeunesse. Ses histoires ne m'intéressaient pas plus que celles d'un certain Malouf, ancien soldat de la légion étrangère au sein de l'armée française, et qui, au terme de son service militaire, fut couronné de la croix de bravoure pour l'audace dont il faisait preuve sur le champ de bataille, le vieillard me baguenaudait toujours par sa manière très expansive à me peindre ses mésaventures sans oublier les plus amoureuses en France et en Allemagne. Le timbre de sa voix tremblante et nostalgique me laissait soupçonner son hypothétique regret de retour à son pays natal.

-Mais pourquoi êtes-vous retournés dans le pays après toutes ces longues aventures ? Lui demandai-je pour confirmer mon impression naissante.

-Ecoute mon fils, il y a dans la vie un certain nombre de phénomènes qui sont plus forts que nous. Nous Arabes, on se rattache beaucoup à notre terre nourricière, et puis c'est parce que nous avions laissé derrière nous nos familles et un pays sous le protectorat français que nous dûmes y rentrer afin de les libérer de leur chagrin mutuel, répondit-il, cependant il y en a ceux qui ont opté pour la vie européenne et ils n'ont jamais été forcés à repartir pour leur bled.

- Et votre vie là-bas, et toutes ces histoires lyriques à la fois tragiques ne te rattachent elles pas vraiment ? Que deviendraient les jolies blondes que la plupart d'entre vous ont laissées tomber subitement, il y en avait même celles qui étaient enceintes ; n'y avez-vous pas pensé ?

- En réalité, nous n'étions pas faits pour vivre en Europe. Et si nous cédions à quelques libertinages, c'était sous l'effet de l'alcool. Il se peut aussi que le fait de loger chez des familles allemandes permettait à quelques-uns d'ébaucher des relations particulières avec leurs filles dans l'absentéisme forcé des jeunes badauds. Or, on avait tous la tête ici et il nous manquait tellement de rentrer chez nous ; nous n'étions pas bien disposés à nous accommoder avec leur mode de vie. La fin de la guerre nous était une délivrance de nos souffrances morales et affectives. Par ailleurs, il y a maintenant des anciens combattants que leurs enfants métis sont venus les chercher ici malgré la distance et les années. La vie est trop courte aussi le monde est très petit et nous voudrions bien achever nos jours sur la terre de nos ancêtres musulmans.

Les histoires de mon interlocuteur étaient si palpitantes, si fascinantes et si prenantes que je m'étais transformé en un rêvasseur passionné, flatté de la vie des autres et dont le style est différent des nôtres.

Mes rencontres avec Malouf me firent un bien d'un prix inestimable en épanouissant mon esprit sur une civilisation très attachante. Quoique je traverse cette zone de fortes turbulences qui marquent l'âge ingrat de toute personne. Le sage vieillard savait bien comment m'injecter les bonnes doses qui m'enrichirent l'intelligence alors qu'au fond de moi naquit une passion irrésistible à piocher dans la mémoire de ma ville à la recherche des moindres détails relatifs à l'existence de ceux qui m'avait possédé l'esprit à raison ou à tort. Le plus important pour moi était de complaire la curiosité qui me tenaillait. J'étais obligé de quitter les polissons de mon âge et ouvrir mon cœur à une nouvelle amitié au sens propre du terme. Mon rapprochement des personnes plus âgées que moi, m'unit tendrement à mon ami Abra. En peu de temps, j'eus pour lui des sentiments plus affectueux que ceux que j'avais pour mon frère et qui ne sont jamais effacés, son cœur était prêt à recevoir le mien, c'était un jeune homme fort mince, fort fluet aussi doux d'esprit que sensible de sentiment et qui n'abusait pas trop de la prédilection qu'on a pour lui dans le quartier. Nos passions, nos goûts sont les mêmes chacun de nous avait besoin de l'autre et nous séparer était en quelque sorte nous anéantir. Abra m'était très utile à percer les secrets de l'univers qui me prenait par les cordes les plus sensibles. Sa manière d'intercéder à toutes mes interrogations m'impressionnait que je me tienne coi, sidéré et silencieux tandis que mon esprit voguait joyeusement sur les flots de mon imagination. Je sentais toujours qu'il avait un certain ascendant sur moi, toutefois il n'avait jamais abusé de ma docilité. Il m'invita un jour à faire une petite excursion dans l'ossuaire chrétien contigu au bois de pin qui, avec ses douces ramures, berçait les monuments sépulcraux. C'était la première fois que je visitais une nécropole française. Un léger frisson comme celui qu'on a lors de la visite d'un sanctuaire me traversa la peau dés que nous franchisâmes sa porte défoncée par je ne sais quelle espèce bestiale de la race humaine. Sous nos pas lourds, j'entendis craquer l'herbe sèche et les petits buissons qui repoussaient entre les tombeaux. Je restais médusé de leur alignement architectural qui manque à nos champs de repos musulmans. Nous nous arrêtâmes devant certains ; et de mes propres mains j'époussetai la fine poussière qui juchait leurs plaques de marbre gris. Sur leurs stèles, je lus des épitaphes dont je me rappelle toujours -Ici repose l'âme d'HENRI FAUCON 1918-1947 repos éternel. En revanche et

46

malheureusement, il y avait d'autres tombes abîmées de la main de quelques vauriens qui, sans doute, rôdaient dans le coin à la recherche de je ne sais quoi. J'étais ébranlé à assister à de tel insolence, à de tel inconvenance, à de tel impudence qui, de ces manières les plus cruelles offense jusqu'au fond les valeurs de la tolérance. Le plus cruel encore c'était, me disait mon accompagnateur, l'attaque des cercueils par certains pendards qui les déterraient de leurs caveaux dans l'espoir d'y trouver un bien providentiel croyait-on. Mais n'ayant rien déniché, les pillards traînèrent les macchabées hors de leurs paletots de bois, un jour, ajouta-t-il, c'était une momie d'une femme habillée de sa blanche robe de mariage maintenue intacte malgré sa vétusté et les quelques égratignures causées par la traction des scélérats après l'avoir dénuée de ses accessoires en or à savoir sa bague et ses boucles d'oreilles. Je sentis une nausée, un dégoût et une sorte de répugnance à soulever le cœur à l'écoute de cette horrible scène que je demandai à mon ami de quitter aussi vite le columbarium. Abra s'aperçut que je ne me sentis pas bien dans mon assiette. Il eut beau me consoler en m'informant de la réaction des autorités à intercepter de pareils comportements à l'égard des bières, j'eus assez à entendre de tels évènements cruels qui nuisent à la dignité des morts quoiqu'il fût leur culte quand ils étaient en vie. Il ajouta aussi que l'intervention de la police à veiller sur le respect de ces monuments funéraires vint juste après le discret scandale qu'aurait altéré les relations entre marocains et français à l'égard du respect et de la tolérance des cultes.

Dix heures sonnaient quand nous arrivâmes sur les lieux d'un vieux site religieux. Celui-ci ne garde de son ancienne splendeur que le peu de chose qui se déroule à l'horizon aussi bien à l'heure qu'il est maintenant qu'auparavant. Malgré l'injure du temps et les multiples remaniements opérés sur le bâtiment, le monument a quelque majesté d'un lieu de culte même si, à cet instant, on n'entend plus les tintements de son lourd bourdon de bronze tandis qu'à l'époque, disait-on, cela faisait vibrer toute l'atmosphère entre le ciel et la terre. Bâtie au début du 20ème siècle, l'unique église de l'ex-Petit Jean était la pierre fondatrice d'une nouvelle ère ayant marqué notre histoire locale tant sur le plan architectural que culturel. Située sur le haut de la rue Foucauld à la croisée de celle-ci avec la rue Bernay, l'unique cathédrale s'élevait comme une citadelle au milieu d'une plantation de tuiles rouges rattachant la terre au ciel par sa chapelle qui couronnait son admirable pinacle pyramidale. Le tout flottait au sommet d'une tour ajourée par des fenêtres rectangulaires superbement juxtaposées. Les autres galeries de la basilique étaient constituées d'un portail qui en ouvre l'accès, non seulement aux pèlerins et les fidèles mais aussi aux rayons du soleil levant qui, chaque beau jour, caressaient son intérieur en passant par la nef et en arrivant jusqu'au chœur où l'attaché religieux faisait ses litanies devant un auditoire de dévoués.

Les traits formels de la chapelle rappellent ceux de nos temples or fondamentalement cela est tout à fait différent. son chœur est formé d'une voûte profonde en arcs brisés, ces portions de cercle qui se butent à leur sommet, conférant à l'édifice sa qualité d'architecture gothique, alors que l'une des pièces maîtresse de toute la splendeur dont recèle l'église catholique résidait dans les proportions données aux ouvertures sises respectivement au-dessus du portail et les deux façades latérales, deux rosaces de vitrail qui illuminaient l'intérieur du temple de multiples couleurs symbolisant les litanies de Marie.

Mon frère m'avait dit plus tard qu'il était interdit aux autochtones de roder dans le quartier des colons. Mais une fois qu'une fête chrétienne eut lieu, on organisait des kermesses auxquelles tout le monde pouvait y participer alors, ajouta-t-il, les sœurs du couvent distribuèrent des étiquettes aux numéros doubles à tout venant et à la fin, notamment après les litanies commémorant l'évènement, on était invité à danser et à prendre du bon temps avec celui ou celle qui avait le même chiffre que soi.

Ces temps-là sont maintenant révolus pour des conjonctures sociopolitiques aussi avait-on défiguré les principaux aspects de la cathédrale déchue en procédant à des actions de vandalisme par lesquelles et à travers on avait scellé sa haute croix par un bloc de béton armé alors que le reste de l'édifice fut transformé à des locaux administratifs.

Cela m'évoque des mémoires qui marquent l'histoire de la civilisation arabe qui s'était prolongée jusqu'aux confins de la péninsule ibérique en l'occurrence de la mosquée arabe construite en 785 par Abd AR Rahman 1er. Un émir des omeyyades et qui, après presque huit siècles, fut reprise par les chrétiens tout en conservant son identité originale malgré les quelques altérations dont celle-ci avait été l'objet. Alors, quoiqu'on ait fait, la consubstantialité d'une culture ne serait jamais effacée. Et si, pareillement on avait eu l'intention de l'altérité d'une culture étrangère, la mémoire sempiternelle que sentent les ruines de la basilique de l'ex-Petit jean serait susceptible d'assurer sa continuité en dépit de tout. D'ailleurs, l'église n'était pourtant pas la seule de l'ensemble de l'édifice coloniale ayant marqué le passage des français par là. Il y avait aussi une école de la mission qui s'appelait «école PETITJEAN» et que non pas seulement les enfants des français avaient le droit d'intégrer mais également ceux des familles appartenant à une élite de la crème sociale. Je demandai à mon ami ce que pouvait être le bien principal de leur existence sur cette partie de la terre. Il me disait que la vieille baliverne de la mission «civilisatrice » était de répandre sur toute la colonie -à cette époque là- un ensemble de valeurs et de principes culturels par lesquels et à travers on voudrait bien faire reculer, comme on disait, les frontières de l'ignorance. Nous n'étions pas du tout bien disposés à avaler leur facétie pour nous évangéliser. Personne ne montrait le moindre signe de scepticisme à l'égard de notre religion musulmane. Alors, nous convertir était un pari

51

reflux. Quelques années plus tard, la cathédrale ferma ses lourds battants, notamment après le retour du peu de chrétiens qui restait ici après la décolonisation, dans la terre de leurs ancêtres. En revanche à l'école, on travaillait sur l'enseignement de différentes disciplines. Celles-ci étaient véhiculées par la langue de Molière que l'on voudrait instaurer comme langue officielle. Ils ont, en quelque sorte, réussi à lui donner la place éminente d'une langue de communication administrative, voire plus.

- Mais enfin, n'y avait-il pas éventuellement quelques enfants d'ouvriers ayant fait leurs études primaires au sein de la mission ? Interrogeai-je Abra.

- Si, si, mais leur nombre était à compter sur les bouts des doigts.

- Pourquoi, est ce que ce n'était pas gratuit comme à l'école publique ou bien les honoraires des inscriptions coûtaient les yeux d'une tête ?

- Je ne sais pas exactement, répondait mon ami en hésitant à me donner des précisions sur une histoire qu'il n'avait pas personnellement vécu, peut-être que la plupart des parents d'élèves craindraient que leurs descendants perdent outre leur langue maternelle, leur identité arabe. Je crois, expliquait-il, que leur appréhension est logique dans un sens, la majorité de ceux qui sont passés par les missions françaises sont modelés, se croyant que la locution «être civilisé» signifiait parler français et renier d'une manière ou d'une autre à ses origines pour ainsi fondre dans la moule d'un «prototype français».

Alors qu'en réalité cela générait un choc culturel qui a ébranlé certaines mœurs de la société marocaine et nous voilà voir se créer différents courants idéologiques entre fondamentalistes, laxistes, philanthropes et conservateurs.

La réponse de mon percepteur me contrariait tellement que je changeai de sujet et je ne le reprendrais qu'un peu plus tard dans le but de satisfaire mon intérêt personnel. Il me parlait de quelques flashs que sa fraîche mémoire n'hésita pas à les lui dérouler. Il retraçait le passage d'un certain nombre de professeurs étrangers, venus dans nos collèges et lycées pour combler le manque des cadres marocains, surtout dans des langues vivantes. Ceux-là, disait-il, se réunissaient pendant les heures creuses de leurs tableaux de service au siège de la mission française, leurs meilleurs élèves y étaient toujours invités pour participer à quelques activités d'éveil qui, malheureusement, manquent à nos programmes scolaires à l'heure actuelle. Le théâtre, la musique…, il n'y avait pas de pareils. Aussi monsieur M…, ce professeur d'origine italienne et qui avait travaillé dans plusieurs pays, était hyper smart et s'habillait de façon très frimeuse qu'on comprenait après, que chaque jour de la semaine avait ses couleurs et son style. Tout lui seyait harmonieusement, on jasait beaucoup sur lui au lycée et on disait qu'il était homosexuel parce qu'il se racolait à un badaud très costaud, même quelques temps après son départ de la ville, il venait lui rendre visite.

VII

Je n'avais jamais été insensible ni à la cruauté de mon sort ni aux doucereuses histoires échafaudées par mes fantaisies. J'étais égaré entre le réel et le virtuel. Ainsi, je vivais un passé éphémère dans mon présent amer. Je subissais un double ascendant, et j'ignorais complètement lequel des deux l'emportera sur l'autre. D'un côté, il y avait un monde hostile bercé par l'explicite de mon quotidien, de l'autre une vie subtile, une tendance implicite vers une abstraction qui, par le cœur, me détient.

N'était-il pas le début d'un métabolisme, ou d'une régénération sans précédent ? D'ailleurs, ce qui se passait en moi n'avait pas de nom ; mais la chose dont je suis vraiment conscient c'est que cela commençait bien longtemps avant même que j'aie entamé mes études collégiales.

En effet, j'ai été sporadiquement exposé à la merci de ses revers au point de me demander si la vie était injuste. Cette réflexion sur mon souffle m'intriguait tellement que je dusse lui redonner une nouvelle redéfinition consolatoire dépourvue de toute pensée aléatoire. Enfin, je parvins à en déduire que l'homme est mesuré aux innombrables contraintes qu'il ait vécu aussi bien qu'à son habilité à les surmonter.

Après la disparition de mon père et l'abandon de mon frère, c'était le tour de ma mère qui, une nuit de Mai, tomba malade à cause d'une infection au niveau de sa vésicule biliaire. C'était pitié de la voir gémir de douleurs. Tout le monde dormait sous leurs draps alors que moi, j'effectuais un éternel voyage entre notre chambre et les latrines sanitaires situées à proximité afin d'y vider la vomissure jaunâtre recueillie dans une petite cuvette que la patiente remplissait d'une manière réduplicative. Le cratère buccal de ma pauvre mère évacuait un chaud liquide dont l'émanation bilieuse collait fortement au nez et aux vêtements. On dirait un volcan intarissable qui se réveilla soudainement. Je me tenais éveillé et éraillé à ses côtés jusqu'à la première lueur matinale.

La situation dégradée qu'endurait ma mère cette nuit-là me porta la réflexion sur mon avenir, surtout lorsqu'elle s'était mise à me regarder de ses yeux éteints, à moitié fermés et me faisait ses derniers à dieux se croyant que la grande faucheuse était venue pour lui prendre l'âme.

A cet instant où la pensée se consterne à l'écoute de tels propos tragiques, une avalanche de réprobations fusait dans ma tête. En fait, la seule dont je me rappelle ores et déjà portait sur ma destinée. C'était quand mon frère me vitupérait le mauvais résultat de mes études, selon lui, m'exhortant à doubler d'efforts afin de me faire, plus tard, une belle carrière. Je m'interrogeais s'il le faisait pour mon intérêt ou bien pour en faire une carte qu'il jetterait à table, dans le cas échéant, pour s'acquitter de ma personne.

...écoute bien ce que j'ai à te dire, ne crois pas que quiconque tolérera d'assumer ta responsabilité si tu échoues dans ta vie. Même moi, ton frère, je ne pourrai jamais te garder chez moi aussi longtemps que possible. Regarde-toi en face, tu as assez grandi et bientôt, tes épaules s'élargiront pour dépasser les miennes ....puis, un homme ne pourrait jamais vivre avec un autre sous le même toit dans de pareilles conditions. Alors, profite bien de tes études ; essaie de sortir le meilleur de toi même tant que ta mère subsiste encore.

Pire encore ce que me disait un jour d'été mon oncle lorsque je séjournais chez lui, il était gendarme et quand par hasard en rentrant vers midi, il m'obstrua l'entrée à la dernière marche des escaliers qui donnent au patio. Il était encore en uniforme qu'il commençait juste à déboutonner, je compris qu'il me devança de quelques secondes et il m'interrogea d'un air soupçonneux :

- Où est ce que tu étais passé jusqu'à maintenant ?

- Je viens juste de faire une petite balade dans le coin, lui ai-je innocemment répondu, mais je ne m'étais pas attendu à ce qu'il me demande nouvellement.

- Dis-moi exactement, tu étais où ?

Son insistance m'appréhendait tellement que je me demandai quel crime avais-je commis pour que je dusse répondre à son investigation.

- j'ai déposé la planche au four au pain et j'ai remonté la rue qui mène à la gare routière. Je l'ai trouvée pleine d'animation, il y avait des gens de toutes les couleurs, alors je me suis blotti dans un coin à regarder cette effervescence qui m'est un peu inouïe, j'étais porté par l'ensemble de scènes qui s'y jouaient que je m'étais oublié moi-même.

- Ne traîne jamais les pieds là-bas, et fais gaffe à ce que tu ailles demander de l'aumône auprès des voyageurs comme les sans asiles qui peuplent cet endroit-là. Si tu auras besoin de quelque chose tu n'as qu'à me le demander. Je suis ton oncle n'est-ce pas ?me demanda-t-il en me joignant à sa poitrine comme pour dédramatiser et adoucir l'ampleur de sa bêtise à mon estime.

A l'écoute de son préjugé, mon cœur reçut le plus cruel coup de griffe que je n'eus jamais connu. Bien que son entaille soit si profonde, je me tus, ne laissant échapper de ma bouche le moindre cri de douleur ni de mes yeux la moindre larme de malheur. Je me sentais aliéné, frustré et orphelin que je me demandais pourquoi le monde est si cruel….

Alors que la souffrance de mon dernier souvenir s'animait toujours en moi, je restais toujours au chevet de la souffrante jusqu'à ce que les premiers pas matinaux des passants résonnent sur le pavé caillouteux de la rue. Ce signalement m'indiquait le bon moment pour aller demander secours auprès de mon frère sans lui provoquer l'infime dérangement. Etant arrivé devant sa porte, je la tapais doucement de ma petite main engourdie. Au bout d'un laps de temps, une voix enrouée comme venue du fond d'un tunnel et traversée d'une tempête de sable me demanda mon identité. Je me présentais et attendais un petit moment, juste le temps qui lui faudrait pour mettre un dessus sur son pyjama rayé, mon frère m'ouvrit la porte, tout décontenancé de l'objet de ma visite si matinale. Il m'invita à entrer en faisant demi-tour, mais s'apercevant que je ne le suivais pas, il se retourna vers moi, écarquillant frénétiquement ses yeux pour mieux les ouvrir et me dit :

- qu'est ce qui, de plus intéressant ou de plus inquiétant, t'amène à cette heure de la matinée ? sans me laisser répondre, il reprit :

- tu es tout pâle et tes yeux sont devenus petits, qu'est ce qui se passe à la maison ?

- on a passé une nuit terrible, je n'ai même pas dormi une seconde. Voilà, ma mère est trop souffrante, elle a vomi toute la nuit. Elle croit qu'elle est mourante ; je ne voulais pas m'affoler à te prévenir au milieu de l'obscurité. J'ai attendu la levée du jour pour t'informer des faits. Maintenant que tu es au courant j'y vais retourner. Il faut que tu passes la voir avant d'aller au travail.

- Eh bien ! Rentre ! Je te rejoins tout de suite, me promit-il le cœur gros et la voix serrée.

Très prestement, mon frère me suivit à la maison comme s'il était sur mes pas. J'avais laissé l'accès à la maison, entrouvert. Mon frère entra dans la chambre, interpella sa marâtre de son prénom et lui adressa quelques questions sur ses douleurs ainsi que sur tout ce qui pouvait en être à l'origine. Ma mère n'arriva pas à bouger une lèvre, elle dégagea imperceptiblement le rideau de son œil et esquissa un léger mouvement de sa tête comme pour affirmer les interrogations de mon frère qui, au fur et à mesure, se plia sur ses deux genoux, posa la paume de sa main sur son front suffoquant de chaleur puis se releva sur ses pieds. Il se cloua dans sa place, comme absorbé par la réflexion sur ce qu'il devrait faire dorénavant. Il ânonna finalement quelques mots en se disant : son état de santé est tellement critique, elle ne doit pas trop attendre-là à soupirer son dernier souffle sans que le médecin l'examine. Mais avant de sortir, il me divulgua d'autres propos qui portent sur le même thème.

- Tu restes à côté d'elle, je vais me rendre au travail pour remplir quelques formalités de mon autorisation d'absence, je reviendrai dans presque une demi-heure. En attendant, tu lui ranges son lit et fais lui passer sa djellaba. Je ramènerai un taxi à mon retour pour la transporter au cabinet d'un docteur. Je ne vais pas trop tarder.

Je savais que les roches s'amollissent et s'effritent à cause de l'érosion et l'usure du temps que le cœur de mon frère n'est pourtant pas fait d'un bloc de béton pour qu'il ne soit imperméable à aucune pitié.

Le rapport médical délivré à ma mère décrivait avec précision son anomalie, on lui recommandait avec beaucoup d'urgence une intervention ; sa vésicule était pleine de calcul biliaire.

Les moyens nous manquaient tellement que nous ne pouvions l'hospitaliser dans une clinique. L'accès à la santé publique n'était guère une chose facile.

Quand nous voulûmes lui prendre rendez-vous avec le chirurgien qui se chargerait de l'opérer, j'étais frappé par le nombre de patients qui attendait leurs tours jonchés à ras le sol.

Je ne savais quelle main invisible les avait éparpillés dans ce lieu de souffrance à la fois morale que physique. Dans ce grouillement de corps décrépis par la maladie, j'entendais des gémissements profonds, parfois grêles que certaines bouches laissèrent involontairement échapper, alors que les lamentations des autres s'étouffèrent à l'intérieur de leurs gosiers. Le pathétique de la scène me laissait penser au purgatoire où chaque souffrant attend son tour pour se purifier de ses impuretés. « Les sœurs de charité » passaient entre eux, enjambaient ceux qui obstruaient leur passage pour se frayer un chemin dans une indifférence absolue : comme si la chair qui gisait le long des bancs et même en bas des murs n'était que quelque chose d'immonde. L'air de flegme qui régnait dans cette grande salle d'attente, et qui ressemblait à une aquarelle sur laquelle un chiffon était passé, défigurait complètement tous les attributs épiques avec lesquels on qualifiait les infirmières. A qui était la faute ? A l'impassibilité, à l'inappétence ou à l'indolence de toutes ces assistantes médicales ainsi que leur organisme ? Ou bien à ces gens qui s'amoncelaient par-ci et par-là d'être misérables, déshérités et disetteux pour qu'ils soient méprisés en de telles circonstances ? La présence des nurses avait la couleur de l'absence. L'absence d'une conscience, d'une âme généreuse que leurs corps se réduisaient dans un petit drap blanc, un linceul maculé par les geignements des patients, rendant notre journée interminable.

Nous attendions des siècles pour que, enfin, notre tour arrivât. Sacrifier son temps n'était pas du tout quelque chose qu'on prenait en considération. Peut-être ce paramètre n'avait pas sa place dans la vie de ces gens de la santé publique, transformés en de véritables machines à sucer la patience des plus longanimes pour enfin concourir à d'involontaires libéralités. En contrepartie, les hâves figures obtiendraient le nécessaire de leurs petits soins, se résumant dans les rictus et les mots fabriqués par l'effet pestilentiel, dépravateur et démoralisateur de la corruption, alors que ceux qui n'ont rien à céder pour avoir cette faveur factice étaient depuis toujours maltraités, houspillés et vilipendés. Il parait que rien n'est gratuit, même la souffrance à un prix, le prix que chaque infortuné se faisait payé pour se soigner, dans le mutisme absolu, amoral, vicieux, sans foi et sans loi.

L'apparence physique de ma mère retarda l'intervention chirurgicale d'un mois et demi. Le praticien voyait qu'il était obligatoire que sa patiente se débarrasse de son excès d'adiposité, elle ressemblait à un mastodonte. Elle s'appliquait, comme on lui avait recommandé, à un traitement assez spécial.

Enfin, elle fut opérée dans l'échéance prévue.

VIII

Maintenant que le temps me prend loin des menus évènements qui avaient marqué ma vie, les ricochets de mon destin sont toujours et fortement enregistrés dans les fissures et les crevasses de ma mémoire. Cette faculté qui, me semble-t-il, naguère régi à sa loi. Oui, la loi du temps, cette dimension avec laquelle nous entretenons depuis des millénaires une relation obsessionnelle puisqu'il commande notre vie de manière que chaque acte de la civilisation humaine en dépend étroitement. Du réveil matinal jusqu'au sommeil nocturne, chacun de nos mouvements est alors minuté dans son registre dont le nombre de pages reste jusqu'à l'heure actuelle indéterminé. Se rappeler le temps d'aller au travail aussi bien que de manifester son inquiétude quand il est question d'un éventuel retard. Dire qu'il est temps de se mettre à table ou d'aller au lit parce qu'on aura école demain, tout cela entre dans le cadre de notre éternel rapport avec ce grand paramètre capable de prendre toutes les formes : Linéaire, ronde ou plutôt spirale. Il semble nous prendre à son fil, à sa longueur comme dans un train qui file droit vers son terminus, vers un but lointain, vers une fin tout en oubliant que notre seule but est vivre et que vivre nous le faisons chaque instant, chaque minute, chaque heure et chaque jour de tous les jours, du passé au présent, de cet instant à demain même au-delà du futur. Étant donné que nous cheminons vers une éternité, vers Dieu et là, tout ce temps qui nous fait souffrir ou bien égayer se figera forcément, ne deviendra qu'un instant, l'instant éternel.

A l'instant où l'on vient au monde, on atterrit bien dans cette vie à croire que les semaines, les mois et les années qui s'accumulent dans une croissance pour faire ce qu'on appelle l'âge ne sont vraiment qu'une régression dans un conte à rebours vers une fin programmée, vers une extinction certaine. En réalité, nous n'allons vers rien justement parce que nous allons vers tout et tout est atteint du moment que nous avons tous nos sens prêts à sentir. Le temps n'est qu'un fruit à point et notre rôle et de le manger, le goûter doucement ou voracement selon notre nature propre et de profiter de tout ce qu'il contient, d'en faire notre chair spirituelle et notre âme de vivre alors que vivre n'a pas d'autre sens que cela.

Les jours passent et repassent, ils sont les mêmes mais c'est notre regard et notre façon de les voir et de les déguster qui change selon notre bonne ou mauvaise humeur. Tantôt, ils sont colorés, chatoyants et gais, tantôt, monotones, larmoyants et gris. Je ferme les yeux et je sens la fraîcheur d'une eau douce couler à travers les méandres de ma mémoire, elle la rafraîchie, la clarifie et charrie les résidus de mes souvenirs qui s'y incrustent depuis bien longtemps. Je me vois dans ces errances sans limites me balader entre le réel et le spirituel. Je retrouve ma place au cœur d'un autre, je m'assieds les jambes croisées. D'où m'est venue cette habitude ? Sans doute me fut elle suggérée pas une statue jaune qui naguère m'avait frappé, mais que j'ai oublié et perdu, celle d'un bouddha assis sur son piédestal, tellement zen et tellement immobile qu'il semblait se recueillir pour atteindre le nirvana.

Puis-je dire que je médite ? Il s'agit plutôt d'une intégration et à la limite d'une fusion, puisque, pour insérer l'âme dans le corps proposé par mon illusion, j'ai dû l'adapter si exactement pour qu'elle s'y soit emboîtée. Je repose en l'autre, je repose en moi-même, vivant de la vie d'un autre tellement plus puissant, tellement plus attrayant que je me retrouve au plus profond d'une spiritualité chimère par-delà l'existence matérielle. J'ai conservé secrètement la nostalgie. Progressivement, je deviendrais une création de l'esprit, si des crampes cérébrales me rappelaient que je ne suis qu'un rêveur. Il faut bien que de lui je m'extraie, mais quand je le quitte, j'emporte avec moi un peu de sa force et de sa puissance.

Dans cette unité indéfinissable où se mêlent soupirs et plaisirs je m'y réfugiais ; je m'y ferais mon propre exil, un asile délimité par les pages de mes livres ainsi que les séances de cinéma auxquelles mon ami Abra m'invitait. Nous choisîmes notre film de la semaine, il était peu probable que nous brisions la règle, cela s'intitulait Emmanuelle, un film érotique qui avait cartonné dans les salles du 7ème art en France et surtout à Paris, aurait-on, plus tard, appris. Entouré d'un parfum de scandale, ce long métrage provoqua un vaste débat sur la censure des œuvres érotiques. Cependant, les incidents de la scène politique en France avaient changé la donne. Il était seulement interdit aux moins de 16 ans.

Je n'avais pas encore cet âge-là quand j'assistais à la projection, sur grand écran, d'un film où la nudité de Christine Boisson me fit parcourir toute la gamme des plaisirs, cette révolution qui aspirait à la libération des mœurs dans un pays de liberté, en dépassa les frontières et força les limites de la pudeur dans un autre qui est le mien.

Quand la nuit tombe, progressivement elle nous pénètre et nous couvre de sommeil et il se peut qu'on y fasse de mauvais ou de beaux songes, le lendemain, on se réveille sans dommages et sans conséquences. En revanche, le noir d'une salle de « cinoche » voile uniquement la présence matérielle d'un esprit en effervescence, lui aussi en pleine révolution, tout en état de conscience des ravages produits par le son et l'image. Je me rappelle avoir été, un jour, la cible d'une exploration sexuelle lorsque, en deux différentes occasions, deux adolescentes, l'une et puis après l'autre, s'étaient abusées de ma chasteté et de mon innocence, aucun plaisir ne parcourait mes fibres sensationnelles lorsque l'une des diablesses à fleur de peau me prit entre ses cuisses d'où se dégageait une forte émanation de libido. La hyène en rut se livra à sa bienséance sans aucun complexe, au fil des secondes je m'accommodais graduellement à son jeu dont je ne savais pourtant pas les règles, je me laissais guider par mon instinct et je sentais ma verge glisser entre deux parois plantées de poils drus. J'étouffais sous la bouée de chaleur que son lourd corps comme un cheval mort cédait au rythme de ses pompes. Je ne pouvais manifester la moindre résistance face à cette dévastation sauvage. Je n'étais en vérité qu'un objet de plaisir à quoi les deux jouvencelles faisaient appel dans toute la décence.

La sexualité était depuis toujours chez nous l'un des tabous qu'il nous était indigne et infâme d'en discuter, et si des actes libidinaux tenaient lieu cela se faisait dans la discrétion totale. Je comprenais pourquoi mes partenaires mettaient en sourdine le râle de leur jouissance aussi bien le choix spatio-temporel de leur séance de concupiscence. Je comprenais pourquoi les salles de cinéma étaient pour nous des lieux où était tolérée toute effronterie, toute impudence et toute indécence, des lieux où le tabou de la nudité n'en tire pas son essence. L'obscurité de ces lieux peut être considérée comme un élément de la discrétion quoiqu'elle nous enveloppe intégralement nos esprits gardent toujours la réminiscence et la résurgence des images qui nos traquent même au-delà du réel, dans nos éveils tout comme dans nos sommeils.

Actuellement et avec l'avènement et l'évolution de la technologie le thème de la nudité n'est plus perçu comme avant. Cela nous eut envahis jusque dans nos demeures, via Internet et les bouquets numériques dépourvus de tout sens de pudeur. Ne serait-ce pas un véritable défi des mœurs et des valeurs dans une société où l'on attache beaucoup d'attention à ce qu'on appelle la probité ?

IX

Encore plus loin dans le temps et dans l'espace, je tins à assumer mes nouvelles responsabilités au sein d'une école communale sise sur une altitude monumentale en tant qu'instituteur bilingue. Je ne savais pas si je devais m'enorgueillir de mon recrutement où m'en être humilié. D'un côté, cela allait changer prou de choses dans ma vie personnelle tant sur le plan psychique que sociale. Notre maison paternelle retrouverait sa nostalgie des temps meilleurs car elle serait de nouveau caressée par les rayons du bonheur. D'un autre côté, le lieu de mon affectation fut tellement hostile et rigoureux que je ne pouvais pas traîner derrière moi une personne perforée par les cicatrices du temps, je m'étais alors résigné à l'abandonner, à la quitter provisoirement tout en la confiant aux proches et à la solitude. Des locataires ! Il y'en avait plus depuis qu'au centre de formation j'étais admis. Je n'avais pas d'autre choix, ma mère avait sa pension de retraite de quoi entretenir sa survie.

La nuit de mon départ, mes émotions se bousculaient dans mon fort intérieur, je n'arrivais pas à les identifier ; cela me mit dans une confusion fatale. Je savais que le mal et le bien sont une affaire de quotidien, que l'extérieur s'infiltre à l'intérieur, que le provisoire se prolonge et que le masque, à la longue devient visage. Mais, je ne savais pas à quel bout du monde m'emmenait ce triste train qui sifflait dans la nuit. Il me transportait vers l'inconnu, je jetai un coup d'œil dehors à travers la vitre dans l'espoir de déceler un simple repère, un simple indice qui pourrait me servir à la reconnaissance du terrain parcouru, en vain ! La faible lumière de notre compartiment empêchait la visibilité de tout ce qui se trouvait au-delà de la fenêtre. Et si par lieu et par moment, le vieux lampadaire clignotait, s'interrompait et revenait après un bout de temps, l'opacité du site ne résolut point mon problème. Sinon, je me contentai des quelques figurines qui s'y reflétaient, je m'y voyais ainsi que les quelques passagers se trouvant sur la même ligne de mire que mon sujet. A ce moment là, toute ma pensée était portée vers mes amis, vers ma vie privée, enfin vers ma mère et tout ce que j'avais laissé derrière. Je me sentis très vite envahi par une sorte de nostalgie. C'était étrange ce qui m'arrivait cette nuit-là, lors de ce maudit voyage ! Cela coulait le long des vallées de mon corps me remplissant de mélancolie. J'avais l'impression qu'au bout d'un instant, le noir qui dominait les espaces trouva son chemin vers moi, me pénétra sans gage et sans loi. Fallait-il que je parte loin de chez moi ? Le grincement des sabots au contact des roues d'acier m'annonça l'arrêt de la longue chenille de fer. C'était la dernière gare ferroviaire. À aucun moment, je ne me doutais qu'il me restât encore un autre trajet à faire.

J'attendais dans le hall jusqu'à ce que les premières lueurs matinales illuminent le ciel. Il y avait beaucoup de monde dans le vestibule de la gare, ceux qui étaient bardés de leurs gros sacs à dos, d'autres qui portaient leurs besaces, il paraissait que ceux-là étaient des militaires ayant, provisoirement, lâché leur service dans le Sahara d'où chaque soldat importait une histoire, pas forcément la même, mais une histoire d'une aventure téméraire l'ayant conduit entre les regs et les dunes. Ils attendaient, sans doute, leur départ dans le premier train. Je les enviai de leur petit bonheur, de leur joie de se retrouver avec les siens.

Je compris plus tard que ce que j'avais sous les yeux n'était pas du tout inaccoutumé à la ville ocre.

Je faisais le tour de toutes les délégations de la wilaya de Marrakech, celle-ci comprenait bien cinq dans leur totalité ; or je n'en avais trouvé que trois, le chauffeur de taxi n'avait aucune idée sur l'existence de l'une des deux autres où l'on m'avait éparpillé. Il me déposa alors au centre de la médina, juste en face de la fameuse place D'Jamâ El F'na qui se réveillait de son court assoupissement. Ainsi petit à petit, des cyclistes, des motocyclistes et aussi des piétons surgissaient des profondes et étroites ruelles de la ville à la manière des fourmis de leur fourmilière. Ils partaient au plus pressé vers leurs lieux d'activités. Il me sembla que leur journée allait bien être aussi longue que la mienne.

La désorientation à laquelle je m'étais exposé dès le départ m'était un signe de bon augure. Il fallait alors que du fond de mon réservoir, il fallait puiser le peu de sagesse qui me revint dans la mémoire, un vieux dicton marocain disait « si vous êtes perdu, maintenez-vous sur place » c'était justement bien ce que j'avais fait. Je m'étais retiré dans un modeste hôtel où je déposai mon lourd paquetage jusqu'à ce que je me trouve une issue.

La nécessité de remplir mon estomac m'invita à un délicieux petit déjeuner sur la terrasse d'un café. Certainement, cela m'aiderait à réorganiser mes idées. Une fois ma faim fut dissipée, je m'étais résolu à ce que je cherchais ne pouvait pas échapper à quelqu'un qui travaille au siège de la délégation attenante à proximité. Enfin, j'obtins tous les renseignements nécessaires pour mes déplacements.

La délégation de Marrakech El Haouz siégeait à trente kilomètres, sur une galerie de l'unique lycée de Tahannaout, elle n'avait pas son propre bâtiment du fait que toute la province venait d'être départie de la grande wilaya de Marrakech. En arrivant là, une foule de nouveaux instituteurs se réunissait à l'intérieur d'une grande salle. On attendait les derniers arrivants. En réalité, chacun de nous attendait sa sentence de condamnation. Il n'y avait aucune chance d'espérer avoir un poste vacant plus proche d'une zone bien civilisée. Et si jamais il y en existait cela serait réservé pour ceux qui les méritaient ; ceux qui avaient bien proposé dans la bourse de l'humanité où tout était à vendre et à acheter, des valeurs à la dignité, une bourse où les transactions se tenaient bien à l'avance entre responsables et syndicalistes ; à la fin, tout le monde aurait bien sa part du gâteau, le reste des procédures à suivre ne figure que dans la tradition protocolaire.

Après un long discours prononcé par le délégué du ministre de l'éducation nationale à notre présence, nous participions à exécuter notre petit tour à faire du cinéma car aucun critère ne serait tenu en compte à part le classement de nos dix premiers choix aléatoires. C'était un acte de l'hypocrisie, d'une imposture et d'une déloyauté. Et personne dans la salle n'aurait la hardiesse de refuser le rôle qu'on lui eut attribué étant donné que les postes vacants s'inscrivaient sur une zone disciplinaire. Qu'avions nous fait pour accepter leur plan ? L'embauche ! L'emploi ! La vie active mérite-t-elle toute cette souillure ?

Je n'avais pas d'autre résolution que d'accepter, malgré moi, la décision de mon affectation dans un trou, dans une localité bien isolée du monde, que d'accepter de purger ma peine au sein d'une immense forteresse du haut Atlas. Cette barrière de calcaire dont l'appellation rappelle le légendaire Titan condamné par Zeus à soutenir les cieux sur ses épaules jusqu'à la fin des temps est bel et bien une réalité aux dimensions grandioses et démesurées. Pour m'y rendre, j'empruntais la sinueuse et étroite route à flanc de montagne qui, par lieu, descend même aux cours des vallées, par d'autre, grimpe en lacet jusqu'aux vertigineux sommets. Je n'avais jamais imaginé que des êtres humains auraient toléré de vivre au sein de ce domaine incontesté des reptiles, des rongeurs et des myriapodes alors qu'en avançant à travers ce panorama hollywoodien, des tas de ruines et de maisons de pierre sèche accrochés à flanc de roc comme des airs de rapaces surgissaient imperceptiblement des formes géologiques que la nature avait sculptées à la guise des vents et des érosions.

A la vue de ces paysages hostiles, toute mon attention fut accrochée par les longs et pathétiques récits que le chauffeur de taxi ne cessa de ressasser tout au long de notre trajet vers nos exils ou vers nos monastères de moines. Nous étions tous, passagers, de la même caste, tous de nouveaux enseignants regroupés à l'intérieur de ce véhicule de transport en commun qui nous entraînait sur le chemin escarpé de la montagne ; et qui, à chaque nouvelle fois, s'arrêtait pour déposer à son bord, tout comme ses bagages, celui ou celle à qui était le tour, puis repartait pour le prochain. J'étais le dernier à descendre du bahut. Mais avant que ce dernier ne disparaisse entre un regroupement de maisons divisé par le macadam en deux rangées superposées, le taximan me souhaita bon courage.

Soudainement, je me sentis abandonné à moi-même comme parachuté du ciel dans cet endroit étrange où régnait une torpeur énigmatique. La seule animation qui faisait sans aucun doute palpiter tout le site s'attribuait au cœur généreux de la nature. Il n'y aurait pas moins mieux que de se sentir consoler par le joli gazouillis des oiseaux et le doux murmure des eaux. Doucement, la symphonie de la nature emplissait toute la vallée de l'Agoundiss tout comme cette complaisante réverbération matutinale qui venait à caresser les eaux claires et limpides de la rivière devenue, grâce au miroitement de ses perles aquatiques, tel un long et sinueux fil d'argent.

Ma langueur de pérégrin ne s'allégea que d'un doigt malgré les largesses de la marâtre nature. Je n'avais nonobstant ni la force morale ni la force physique nécessaires pour parcourir pédestrement toute la distance qui me séparait de mon secteur scolaire. Celui-ci devait se trouver à une heure et demie de marche et il n'était pas du tout obligatoire d'y arriver d'urgence avant le jour de la nouvelle rentrée en classes. Aussi eussé-je la résolution d'attendre jusqu'au lendemain qui fut établi jour du souk hebdomadaire.

J'avançai, le pas lourd, en direction du bourg afin de me trouver un éventuel refuge, un lieu pour passer mon interminable journée de galère aussi bien que la nuit à venir. Je m'étais à résoudre de m'installer devant un café archaïque, dépourvu du moindre signe de vie, seul le peu de meuble verni par je ne sais combien d'année d'usage, désert et vide, se dressait là dans l'espoir d'accueillir quelques clients, j'étais apparemment le premier à se hasarder dans ce lieu commun. Personne ne s'occupait de moi aussitôt j'entrai pour voir s'il y avait quelqu'un derrière le comptoir. Un jeune homme d'une quarantaine d'années tendit curieusement le cou pour savoir qui pourrait consulter son service à cette heure matinale. Il semblait très déconcerté lorsque je lui dis de m'excuser, s'il n'y avait personne qui assurait le service. Déjà, ma demande lui révéla que je provienne d'une région lointaine ; très vite, il se raccommoda et de répondre il articula d'une voix enrouée :

- Que puis- je pour vous ?

-      Je voudrais, s'il vous plait, un café au lait et quelque chose à grignoter avec, de préférence une tranche de pain enduit de fromage.

J'avais très envie de remplir mon estomac, malheureusement le garçon du café me fit des excuses de ne pas pouvoir satisfait ma demande. Il n'y avait pas de machine à expression du café non plus de lait ni de pain prêt, puis il me proposa.

-      Que dites-vous d'un thé à la menthe avec une délicieuse tartine ?

-      Si vous avez que cela, je n'ai donc pas d'autre choix, rétorquai-je tout déçu.

La pénurie, la rareté et le manque dans le produit ainsi que le vide ressenti me balancèrent dans un néant affreux, celui d'une misère et compagnie qui, avec l'apparence de l'établissement commercial, m'eut pris tout de même. Le jeune garçon au visage mal rasé se mit quand même à me préparer mon thé après avoir actionné un vieux transistor placé juste au-dessus de sa tête sur une vielle étagère en bois rustique, il voulait malgré tout créer une atmosphère. Aussitôt, il prit une théière en métal émaillé en releva le couvercle et y versa une eau bouillante afin d'y nettoyer le fond d'éventuels minuscules invertébrés fuyant l'assaut des araignées qui tendent leurs pièges de toile au plafond aussi bien qu'aux sombres abris. Entre temps, il m'adressa curieusement la parole.

- N'êtes-vous pas d'ici ? me demanda-t-il.

- Non, pourquoi ?

- Pour rien, seulement j'ai remarqué, tout à l'heure, que vous n'avez pas l'accent des gens d'ici, affirma-t-il.

- c'est normal, lui répondis-je avec goguenarderie, moi je ne sais pas parler berbère bien que je le sois. C'est un dialecte auquel on ne m'avait pas initié, n'y aurait-il pas éventuellement des arabophones par ici ? Il sourit et de répondre.

- vous avez apparemment mal entendu mon intention, vous avez l'air de quelqu'un qui vient de si loin. Et si vous ne voulez pas manifester votre personne, croyez-moi, ajouta-t-il, vos traits peuvent vous trahir à n'importe quel moment.

En me disant ces propos sans me regarder des yeux, le montagnard faisait aérer mon thé maintes fois et y ajouta un brin de menthe fraîchement cueilli. L'exhalaison de la fusion se répandit dans les airs. Ensuite, il rejoignit ma table, y déposa le service, soutira une chaise et s'assit devant moi sans même m'en demander la permission et enchaîna son questionnement.

- Où est ce que votre bonne étoile vous emmène-t-elle ?

- Je ne sais pas encore mais la chose dont je suis certain est que je suis à présent ici, lui répondis-je, demain nous aurons à en discuter. Je viens d'être affecté dans une école d'ici, pour le reste j'ignore ce que mon destin me cache entre ses plis de surprises.

Je me versai un fond de verre de thé, le goûtai. J'en étais satisfait, j'invitai mon interlocuteur à partager mon repas, il s'en excusa puis commença à me rassurer :

- Vous n'avez rien à redouter, ici il y a de bons gens, simples et très courtois. Ils entretiennent depuis toujours une relation particulière avec les instituteurs et si jamais vous aurez besoin de quelque chose, ils ne vous lâcheront point. Je les connais très bien, leurs notables ne tarderont pas à descendre chez moi. Je veux dire ici, ils passent la nuit à l'intérieur de ces salles en discutant de leurs affaires en commun, le café se transforme en quelque sorte en une auberge.

- Ne me dites pas qu'avec toute cette misère….lui fis-je un commentaire et sans que j'en finisse, il me rappela :

- Je t'ai dit que ce sont des êtres simples, que la montagne les avait bien accommodés le mieux du monde. Leur bonheur ne réside pas à chercher le confort mais à se contenter du peu, du nécessaire pour leur subsistance....

La conversation nous préoccupait tellement que nous ne rendîmes pas compte du rapide écoulement des minutes, des heures et de toute la mi-journée.

Le cafetier avait déjà longtemps sillonné le nord, disait-il, à la recherche d'une hypothétique fortune qu'il n'avait pas trouvée, peut-être ne s'est-il pas saisi d'une belle occasion. Il rentra chez lui les mains vides, mais à son actif une expérience amère dont il ne gardait que la dépendance à la cigarette et le hachich. Au moment où il enroulait son premier joint le cordonnier d'à côté arriva, ouvrit son petit atelier, une chose qu'il faisait occasionnellement, puis vint nous saluer. Lui aussi attendait ses fidèles clients, les mêmes qui devaient descendre dans cette même taverne. Il paraissait ennuyé par l'odeur et la fumée forte de la matière narcotique que notre hôte avait brulée, il partit sous prétexte qu'il avait une tâche à accomplir dans son fenil, il m'y invita et là, nous prolongions notre connaissance. Il me parlait de son échec scolaire au lycée comme pour justifier la position statuaire dans laquelle il se retrouvait. Je comprenais bien par-là, l'enseignement qu'il me divulgua ; le travail est rédempteur. Il y avait dans son discours une part de sagesse mais je ne m'en doutais pas qu'il en était conscient.

Plus tard dans la journée, une colonie de muletiers arriva dans le village par les multiples sentiers comme si la montagne les avait distillés à intervalles irréguliers. Ils attachaient leurs montures dans une étable qui se trouvait au bas-côté, leur donnaient le foin nécessaire puis rejoignaient leur pensionnat hebdomadaire.

Petit à petit, l'intérieur de l'auberge se remplissait comme une salle de théâtre par des pensionnaires aux visages ravinés. Ils reflétaient par certains traits de leurs physiques difformes, par leurs tailles déviées, par leurs jambes noueuses, par leurs torses osseux et par le teint de leurs peaux, ils reflétaient les circonstances spatiotemporelles de leur difficile quotidien. Cependant, un éternel sourire flottait sur leurs lèvres généreuses.

Lorsque le voile de la nuit commençait à couvrir l'espace, les berbères entreprirent le rituel de leur spiritualité en allant chercher de l'eau tiède dans des récipients réservés aux ablutions que l'homme de service leur avait déjà préparés. Ils s'acquittaient ensemble un long moment puis se dispersèrent dans le bourg, après quelques instants, ils se regroupèrent de nouveau à l'intérieur des salles et entamèrent la préparation de leurs dîners de viande aux légumes qu'ils venaient, eux même, d'acheter tout crus des petits commerces voisins. Le pensionnat ne leur offre que les ingrédients, l'huile d'olive, les tajines, les braséros, de la braise attisée pour la cuisson ainsi que le refuge pendant la nuit.

La fumée délectable des bourguignons sur le feu se répandait dans les moindres recoins des salles et me parvenait jusqu'à dans la loge principale où je gisais sur un vieux grabat sans même dépouiller mes pieds des lourds souliers : ma fatigue fut telle que je m'en empêchais bien de cette tâche, que mes paupières ne résistaient pas à sombrer dans un noir opaque.

Soudain, des mains me secouèrent légèrement et une voix comme venue des profondeurs me tira de ma léthargie, sans bouger d'un cil j'entrouvris péniblement mes mirettes et je vis Abderrahmane le cordonnier se tenir à mon chevet je lui enquis :

87

- Qu'est ce qui se passe ?

- Excusez-moi de vous avoir dérangé, je viens seulement pour que vous m'accompagniez à la maison, nous vous attendons pour le dîner, me proposa-t-il d'un air rassurant.

- C'est très gentil, comme vous voyez, je me suis déjà couché sans même me changer les habits ni me déchausser, rétorquai-je, la fatigue du voyage et de la journée pèse trop sur moi, j'ai déjà pris quelque chose et il serait mieux me laisser m'assoupir un moment, j'ai besoin d'un peu de repos pour demain.

- A la maison vous seriez mieux que de passer la nuit ici dans cette indigence, le grabat et le dénuement. Il parait que vous n'avez aucune idée sur le froid austère qu'il fait au fond de la nuit. La montagne c'est tout différent, soutenait mon amphitryon afin de me persuader.

- Et ces gens-là qui vont gésir à même le sol ? lui demandai-je pour éluder son insistance.

- Ceux- là en ont l'habitude, il est inutile de résister, je t'attends dehors. Ne voulez-vous pas faire connaissance de ma famille ? me dit-il puis quitta la pièce.

J'éprouvai une sorte de difficulté à me mettre sur mon séant et à m'arracher de la paillasse. Abderrahmane réussit à me persuader. Je le suivis jusqu'à la porte, là où il m'attendait un bon moment. Le froid commençait déjà à s'installer dehors. Nous longions le bord de la route principale puis nous nous engageâmes dans un sentier obscur : les ramifications des oliviers empêchaient tellement les rayons de l'astre nocturne de nous éclairer le chemin que je me butais les orteils contre les inégalités du sol et d'un réflexe naturel je cherchais de la main le corps de mon compagnon dans l'espoir d'éviter tout risque de tomber par terre la tête la première. Quant à mon guide, il lui est très coutumier de se balader en de pareils contingences. Seul le ressac de la rivière et l'ululement d'une chouette brisaient l'aphasie de la nuit, j'en profitais moi aussi et lui chuchotai :

- Sommes- nous encore loin de chez toi ?

- Nous arrivons dans quelques secondes, répondit-il. C'est par là, suivez- moi et faites attention. Il semble qu'il ne vous est jamais arrivé de marcher sur des terrains irréguliers.

-        Il ne fallait pas vous donner toute cette peine pour moi.

Vous m'avez surpris par cette invitation et j'ai vraiment honte de franchir pour la première fois le seuil de votre maison les mains vides même pas avec un pot de yaourt pour les petits.

-        Ça va ! Ça va ! Ne vous faites pas de soucis. Il n'y a pas de gosse à la maison. Réclama mon hôte.

Abderrahmane est le cadet dans sa famille, ses aînés étaient tous partis de la maison pour des conjonctures particulières, les deux garçons besognaient à de bonnes distances, éloignés de chez eux et s'occupaient de leurs progénitures et les deux filles vers leurs foyers ; la première installée en France avec son mari et ses enfants, elle ne rentre au bled qu'une fois sur deux ans et la seconde à deux pas de la maison paternelle, mariée à un jeune badaud du même douar.

Il lui resta la responsabilité de veiller sur son vieux père et sa marâtre. La situation sociale du cordonnier rappelait un peu moins la mienne sauf que moi j'avais perdu mon père étant encore petit alors que lui, sa mère. Ses aînés avaient, quelques mois après sa disparition, manigancé le hymen stérile du veuf avec une femme divorcée.

_ On y est, proféra Abderrahmane.

Puis il introduisit la main par un petit trou dans la porte en zinc et en releva le loquet. Il m'escorta jusqu'à l'intérieur de la demeure en passant par une sorte de petit boyau séparant les compartiments des bêtes de ceux des hommes et qui servait à la caléfaction des repas sur un feu de bois.

A l'entrée de la salle de séjour, le père de mon hôte se présenta pour me saluer, il me souhaita le bienvenu parmi les siens. A cet instant-là, les mots m'avaient tellement trahi que je n'arrivai pas à placer la moindre expression de courtoisie en guise de réponse à l'hospitalité qu'on m'avait faite. Le vieillard était un homme pieux, tout le temps il égrenait son chapelet qu'il tenait à la main. Malgré son âge, il dosait bien ses paroles dont les références étaient le plus souvent le hadith et le coran. Il me parlait du destin que Dieu réserve pour chacune de ses créatures. Point de hasard ne soit il lorsqu'après mon bien principal le seigneur m'envoyait-il. Et si j'étais ce soir-là à partager avec eux leur succulent tajine c'est parce que cela était déjà inscrit là-haut dans le ciel…soudain, Abderrahmane réapparut avec un plateau à thé qu'il déposa devant nous sur une petite table ronde et basse. Il nous servit la moitié d'un verre d'une infusion aromatique que l'on prenait avec quelques fruits secs suivi d'un plat en terre cuite verni, surmonté d'un couvercle conique et sous lequel mijotait encore une viande de caprin aux oignons garnie de lamelles de patates cuites à la vapeur comprimée au fond du cône et relevées par des pincées de cumin. Je m'aperçus donc de la richesse de nos traditions culinaires, d'un patrimoine ancestral qui, par la disposition de la table et la façon de s'y mettre, fait l'empreinte d'une civilisation culinaire tant connue par la variété de ses plats que par la finesse de leurs saveurs.

Lors de ce repas nocturne, mes amphitryons usaient leur commun jargon pour parler des menus évènements de leur journée ainsi que de celle en perspective quant à moi je m'absorbais dans mes pensées en tournant et retournant la viande coriace entre mes molaires, de temps à autre, Abderrahmane me rappela à remplir mon ventre, je m'en étais rassasié. L'autre moitié de mon premier verre de thé boucla la séance gastronomique.

X

Le lendemain, jour de la rentrée scolaire, je rejoignis la direction afin de recevoir mon ultime nomination dans l'une des quatre satellites vacants. Il n'était pas question de recourir à son propre choix car il y avait une charte et une loi organisationnelle qui régit la redistribution des postes au début de chaque nouvelle rentrée scolaire. Nous étions six à se disputer soi-disant les meilleurs satellites qui attendaient un nouveau promoteur sans qu'aucun critère logique ne soit tenu en considération.

Parmi les six postes disponibles, il y avait un seul dont des cours de français sont au programme. L'école a beau se trouver aux confins du monde où l'Etat n'est qu'un figurant, je ne sais quelle impulsion intérieure me dilua la langue afin d'exprimer à mon propre gré une volonté stupéfiante qui aurait laissé tout le monde hébété, notamment ceux qui étaient passés par cet endroit hostile, vigoureux et coupé du monde toute l'année aussi bien que pendant les plus extrêmes intempéries. Ils ignoraient sans aucun doute, tout comme moi, l'incroyable penchant qui pourrait être derrière ma folle décision pour aller semer les graines du savoir dans un lieu aride et rocailleux. Moi, qui étais venu de la plus loin contrée, je fus officiellement désigné dans la plus lointaine des écoles satellites. Le seul privilège que j'eus eu s'incarnait dans un collègue qui, du fait qu'il soit du même département, berbère ainsi mon binôme, me servait d'interprète en de différentes situations.

J'avançais le pas lourd, j'avançais la tête remplie de désespoir et ne connaissais pas ma destination dont je ne gardais que le nom. J'ignorais sur quel mat on hisse le drapeau de la victoire, j'ignorais également les grands eaux capables de laver l'affront en cas de l'échec étant donné que je dusse passer presque une année entière sans pouvoir toucher le moindre émolument de mon salaire. Il fallait attendre tout ce temps, attendre jusqu'à ce qu'arrive mon arrêté de titulaire et j'ignorais aussi par quel moyen je pourrais compenser le manque de ressource financière afin de subsister aussi longtemps que prévu. Peut-être que ma dernière désignation dans ce trou du monde aurait été miséricordieuse à m'éviter les déplacements itératifs et les irraisonnables dépenses.

A peine arrivé au bourg qu'un couple de touristes attira mon attention, mu par je ne sais quel élan intérieur, je fonçai tout droit en sa direction sans même songer à ce que mon plan à les aborder puisse les importuner en de telles contingences. Je leur proposai mon service en utilisant la langue la plus universelle :

- Can i help You ?

Ma phrase eut un effet magique sur le couple. Ils ne s'attendaient pas à ce qu'une voix étrange leur parla anglais dans ce coin reculé du monde.

- Oh, Yes! We would like get cigarettes.

- Veuillez bien me suivre, il y a dans ce côté un buraliste qui vend du tabac, leur répondis-je en anglais.

Le couple qui venait de Londres me fit confiance et me suivit, aussitôt je devins leur interprète de passage, le bus qui les transportait depuis Marrakech ronronnait devant un café et devait attendre encore là, un quart d'heure avant de reprendre son itinéraire. La plupart de ses passagers étaient descendu du véhicule afin de manger quelque chose au café, de s'approvisionner ou de se dégourdir les rotules tout comme ces deux étrangers venus d'Europe. S'arrêter dans un coin où le soleil et le beau temps n'avaient rien de si génial, mais c'était bien pour forcer son étoile, puis était venu le moment où l'on parlait de soi lorsque Mickael déballa son paquet de Marquise, me tendit une clope dont il ne tira que le bout de filtre et me dit :

- Voulez-vous prendre une cigarette ?

- Excuser moi, je ne fume pas, garantis-je, puis la tira toute entière, la plaça entre ses lèvres et passa

- l'emballage à sa compagne qui fit de même.

Une fois que l'homme aux cheveux longs et à la peau blanche brulât le bout de son tabac jaune, il m'exprima son impression.

- Je suis vraiment étonné de trouver par ici une personne qui sait parler anglais alors que nous avions rencontré des difficultés énormes à nous communiquer avec des gens des cités.

- C'est effectivement cela, la plupart des gens sont arabophones et si jamais on se retrouve dans une situation de parler à un européen c'est bien le français qu'on use le plus.

Rares sont ceux qui maitrisent bien deux langues étrangères en même temps quoique cela devienne une nécessité primordiale.

-   Ok ! où est ce que tu as appris à parler anglais ? me demanda la jeune femme.

-   C'était d'abord au lycée pendant deux ans, pour moi, ce n'était pas assez suffisant comme par rapport au français auquel nous nous sommes pleinement familiarisés dès l'école primaire. Alors, il importait bien de recourir à sa propre autonomie pour améliorer sa langue.

-   Depuis quand tu vis ici ?

-   Je viens de débarquer dans cette contrée, désormais je vivrai à l'ombre de ces géants de granit, dans cette direction- je leur montrai du doigt- d'ailleurs, je suis un fonctionnaire de l'Etat dont la tâche suprême et de repousser les frontières de l'ignorance dans un pays où il y a apparemment trop de recule. Et vous, qu'est-ce que vous faites dans la vie ?

-   Nous étudions à Oxford, nous sommes venus dans ce beau pays afin de le découvrir et nous n'étions pas déçus, je crois qu'il y aurait encore de surprises.

-   Alors tenez-moi au parfum dès que vous serez rentrés chez vous. Voici mon adresse !

97

Les deux touristes prenaient leurs bus et s'éloignaient derrière l'autre versant de la montagne, du coup, je me sentis gonflé d'ostentation d'avoir respiré un bon moment en compagnie de Mickael et sa compagne.

Soudainement, une berline de transport de bestiaux surchargée s'arrêta devant le café où je m'étais installé lorsque je débarquai là pour la première fois. Il m'était très absurde de remarquer que des humains avaient pris la place des animaux.

Serrés comme des sardines dans une boite de conserve, les mâles poussaient des voix criardes, chicanières et discordantes comme pour emporter l'homme qui avait forcé cette escale imprévue afin de récupérer ses acquisitions de la veille confiées au café à se dépêcher de crainte de ne pas pouvoir arriver avant le coucher du soleil. Je n'avais jamais imaginé que la providence du ciel eût voulu que je fusse aussi embarqué avec toutes ces bouches dont les commissures étaient écumeuses.

Dés que j'eus sauté dans la benne alourdie par la denrée et la chair que des yeux luisants de curiosité m'inspectaient du bas en haut. La seule question qui m'était destinée par plusieurs curieux de manière directe :

- L'instituteur ?

Je répondis chaque fois par l'affirmatif en hochant la tête du haut en bas.

Le fourgon qui nous charriait roulait à une vitesse limitée sur une étroite piste pétrée n'admettant pas le croisement de deux engins à la fois que par certains endroits. Il suivait les escarpements du sentier, à travers les voussures des branchages, trainant derrière nous un immense sillage de fine poussière qui griffonnait aussi bien le feuillage que nos visages chaque fois que le chauffeur du véhicule réduise notre allure pour maintenir l'équilibre de la camionnette aux virages. Aucun signe d'inquiétude ne paraissait sur les faces des passagers de ce périlleux voyage. Ils jacassaient, papotaient, cancanaient et déblatéraient à leur aise quoique le trajet fût plein de risques. A tout moment, je m'attendais à ce que l'un d'entre eux rossa la tête contre les éminents bas reliefs d'écueils ou les solides arcades de bois qui plantaient le laconique chemin où nous roulions depuis un bon moment, je m'attendais également à voir sauter leur crâne comme une coquille de noix. Ce serait ignoble d'assister à une telle tragédie. Pourtant, ces gens installés au-dessus de la cabine et plus exposés qu'autrui au péril n'y étaient pas du tout vulnérables, ils esquivaient bien aux menaçants carambolages. Il paraissait que se déplacer comme dans ces conditions-là leur était très coutumier. En revanche pour moi et les trois autres collègues, nous étions frappés de stupeur à vivre des instants plus palpitants, plus pantelants et plus poignants, tant que c'était une première pour nous de nous trouver embarqués avec les voyageurs de l'apocalypse pour une destination de l'enfer.

Le plat chemin se termine à la place d'une ancienne exploitation minière dont il ne reste que les ruines d'un ensemble de locaux industriels ; c'était justement là qu'alors commençait la difficulté du périple. Je m'étonnais à voir la plupart des passagers descendre de la benne et courir comme des fous dans la même direction que celle du véhicule qui nous transportait. Ils s'accéléraient à remonter la pente du sentier incliné dans une course engagée contre la machine à gasoil qui, trop chargée, perdrait toute sa puissance de traction. Elle leur donna une bonne distance d'écart et chargea bien son moteur avant de foncer dans la poursuite des prétendants, mais avant d'atteindre le sommet du talus, la camionnette les rattrapa, les ramassa dans son élan et tout le monde s'y agrippait qui par les flans et qui par l'arrière de la benne. A chaque cahot de la voiture, on voyait sauter leurs têtes pendantes. Il semblait qu'ils étaient habitués à ces ébats qui furent repris à chaque nouvelle varappe. Je voulais à mon tour prendre goût à leur amusement banal, alors je fis comme tout le monde, se fiant à ma jeunesse.

Cependant, le test fut aussi difficile que je ne l'avais imaginé. Je m'efforçai à faire de mon mieux mais en vain, je parvins à en déduire que quelque chose me manquait pour me mesurer à la montagne, ce potentiel d'énergie que les squelettiques montagnards avaient développé à longueur d'années.

Notre avancée à flan de ces barrières de granit allait se compliquer progressivement, surtout lorsque la camionnette nous débarda à un petit hameau qui se trouvait à mi-chemin de raison que la rocade restante était incommode. De toute façon, c'était la seule artère qui, à la survie, agglutinait les autochtones dispersés dans ces endroits récemment inaccessibles.

Mais, grâce aux immenses efforts des communautés locales, on sculptait dans les gigantesques remparts naturels des layons qui, quand même, seraient très pratiques à désenclaver les localités du reste du monde. Le financement de leurs travaux provenait essentiellement des cotisations émises par certains généreux de la région résidant à Marrakech et à Casablanca, quant aux locaux, ils offraient leurs bras à tailler les rocs et si par endroit la corvée s'avérait insurmontable, on usait de la dynamite pour faire sauter les blocs de pierre récalcitrants. Je crois que l'Etat n'incarnait aucun rôle dans ce projet de développement durable.

Alors, une harde de montures attendait là, le retour des commis et leurs denrées du souk hebdomadaire, pour le reste, nous devrions continuer le voyage à la marche. A peine nous mimes nous en branle que de lourds nuages s'accumulèrent au niveau des crêtes couvant ainsi le chagrin d'un ciel qui ne voulait plus retenir ses larmes à nous voir peiner dans les galères de notre destinée. Déjà, une fine pluie s'annonçait par ci et par là et son odeur emplissait les narines. Nous avancions, trempés de la tête aux genoux, vers les chimères de nos destinations, traînés par les pas cadencés des mulets d'où se dégageaient des buées de vapeur qui venaient à s'écraser sur nos figures insoumises et éprouvées par l'infime effort. Ainsi qu'avec la rareté de l'oxygène, le moindre geste devint un lourd fardeau. Toutefois, nous ignorions absolument la portée de notre excursion pédestre. Au fil du chemin, la caravane des marcheurs se disloqua comme cette accumulation de nuage dispersée par des vents alizés, je me sentis incapable de tenir bon jusqu'au bout de mon haleine dans cette bataille infernale où l'ennemi était un alias de la nature. Par conséquent, je rendis la main et je fis mon escale nocturne au dernier hameau avant le mien.

XI

Le lendemain, je vis ma destination avec le soleil pour bannière et je marchais une bonne distance portant au cœur le souvenir d'une nuit hospitalière. Quand j'arrivai au douar, je distinguai parmi la cinquantaine de constructions particulières, des chaumières dont les murs en bois de mélèze se confondaient parfaitement avec la teinte ocrée des rochers aussi bien que des masures de pierre sèche formant ainsi d'éminents saillis. Celles-là se camouflaient tellement bien dans cette unité de granit qu'on les prenait pour de vrais écueils modelés par les successives avalanches de blocs de pierres, si non seulement que, par les petites lucarnes entourées de blanchâtres enceintes de gypse, se révéla leur nature. Il me fallait aussi quelques temps pour discerner dans le flanc d'en face, sous un bloc de roc, le petit cube rougeâtre érigé sur la paroi d'un précipice vertigineux, c'était effectivement là, le lieu de l'évolution des disciplines scolaires. Si récente que soit son existence, isolée dans cet endroit, face à un couloir recevant ainsi les rafales de la bise en hiver et les souffles chauds de l'été, l'unique salle de classe ne put supporter l'altitude via son hostilité. En l'espace de deux années de son histoire, déjà son plafond plat se criblait par d'invisibles rigoles excavés à l'intérieur de la dalle de ciment à cause des eaux de pluie ou celles des neiges fondantes. Quant à sa sœur aînée, elle trônait majestueusement en haut des cabanons adossés contre la grande paroi à l'abri des tourments et des vents. Il paraissait que malgré sa vétusté par rapport à sa consécutive, l'ancienne classe s'épargnait des contaminations ayant, dans les identiques clauses, infecté la nouvelle : Le secret de son endurance réside vraisemblablement dans les matériaux primitifs de sa construction pareils à ceux des cabanons et dont les éléments de base sont la pierre sèche, le mélèze, et parfois le mortier.

Comme j'arrivai à la mechta par l'unique et étroit hayon qui se perd à l'intérieur du hameau pareillement aux eaux d'un delta à son embouchure dans l'océan, un tas de marmaille grouillaient dans la poussière, ils jouissaient de leur plaisir innocent. Les joues et les cheveux crasseux, les bambins gambadaient qui pieds nus, qui mi- nus exhibant sans le vouloir leurs petits organes pendants dans une indifférence totale, il paraissait que ma présence ne leur gêna guère au départ mais au moment où ils apprirent que j'étais le nouveau instituteur de français, rapidement, ils s'effilochèrent de mon chemin comme ces ombres rapidement inondées de soleil et dont il n'en reste que celles des vallées bien creusées au pied de la montagne.

J'étais attendu par mon collègue qui me présenta aussitôt aux députés de l'ensemble des habitants de la localité réunis dans une demeure pour négocier le calendrier des vendanges nécessitant une énergie de bras humaines. Il paraissait bien qu'il avait déjà tout manigancé pour notre installation dans le douar ainsi nous restâmes hôtes d'Allah pour trois journées chez les habitants. Par contre, nous nous trouvâmes soudainement obligés de nous installer provisoirement dans la solitaire salle de classe pour quelques jours soi-disant juste le temps pour qu'on nous trouve une maison convenable.

D'ailleurs, je me demandais si on voulait bien nous écarter d'eux un bon moment pour nous épier avant de nous accepter parmi leurs femelles. En outre le petit clos attenant à la salle de classe sise à proximité, normalement destiné à abriter les instituteurs se retrouvait dans un état qui n'admet aucune possibilité d'hébergement étant donné que la gadoue de la bassesse humaine tapissait ses murs et son parterre et il paraissait que tout le monde était au courant de cet état de fait. Cette réaction en réalité inhumaine m'intriguait tellement que j'essayai d'y trouver une exégèse adéquate se rapportant au thème de la violence portée à l'égard des établissements scolaires qui dans ses diverses formes ne cesse d'infecter la plupart des instituts d'enseignement publique, surtout là, où les adolescents y expriment leur révolte contre ce qui est proposé par le monde adulte. Toutefois, cette hypothèse s'avère déficiente dans un monde où l'école n'a que trois ans de vie et le plus âgé des écoliers devait avoir neuf ans. Aussi des gens non scolarisés s'étaient-ils rebiffés de sorte qu'ils manifestent, peut-être, leur mécontentement d'un état de causes dont l'équivoque me conduisit à porter la réflexion sur leur psycho-sociologie dans le sens où ils expriment leur refus de tout ce qui symbolise, croiraient-ils, la répression sur l'élan de leur mode de vie originel. Plus tard, je conclus que ces gens-là n'étaient pas du tout dépourvus de générosité, qu'ils avaient le droit de se méfier au début de quiconque. C'est des êtres qui vivent au rythme de la nature en cultivant les petites parcelles de terre qu'ils avaient aménagées eux même sur les flancs de la montagne également par l'élevage des caprins avec lesquels ils transhumaient une fois par an surtout en été où l'herbe abonde sur les cimes des reliefs. Ceci leur était dans le sang, dans chacune de leurs cellules. La montagne et le cheptel faisaient leur vrai consubstantiel. Dans cette communion, l'homme et la nature s'y imbriquent parfaitement. L'école était donc un espace contraignant avec ses horaires et ses règlements. De même, ils jugeaient leur identité menacée par une école dont les programmes ignoraient totalement la langue ou plutôt le dialecte berbère comme disait-on ; alors que plus d'importance était accordée aux disciplines en langues arabe et française. Heureusement que finalement l'Etat s'en aperçut et fît que le berbère tienne lieu dans les programmes d'enseignement et l'opération fut progressivement généralisée partout.

Nous nous retirâmes un peu loin du regroupement local dans ma solitaire classe suspendue sur le flanc d'en face. Ainsi s'écoulaient presque un mois entier à vivre dans un réduit aux polyvalentes fonctions : c'était à la fois un établissement scolaire et une auberge dont le meuble nous servait à lire et à écrire la journée aussi de litière la nuit et de table à manger au moment fortuit. Presque un mois entier que je ne m'étais mis les pieds plus loin de ma cellule tandis que mon collègue devait dégringoler la pente du flanc jusqu'au ravin et gravir l'autre, entre les maisons pour rejoindre la sienne. Il le faisait deux fois la journée, dix la semaine.

La routine esquintait nos interminables journées alors que pendant la nuit nous nous occupâmes par la préparation des fiches et de nos documents pédagogiques sous les faibles lumières d'une bougie que l'on éméchait chaque fois à l'aide d'un ciseau rouillé afin d'en renforcer la lumière qui s'affaiblissait de temps en temps. Sans nous rendre compte, nous nous trouvâmes, maintes fois, entrain de caresser nos souvenirs nostalgiques des deux années de stage plein de rêves et d'optimisme malheureusement, la réalité était une autre chose. Une réalité dépeinte par une sorte de lenteur, de lourdeur et de nonchalance qui s'accentuait également du moment où aucun moyen de distraction ne puisse soulager notre malaise. La contumace ne résidait pas dans notre incapacité financière à nous procurer un transistor ou un autre poste récepteur, mais dans l'impossibilité de capter les ondes en air. Cette situation aggrava notre désolation dans la solitude de la montagne qui nous fut un exil alors que pour les autochtones un énorme privilège.

Toutefois, la solitude est intérieure, je me rappelle l'avoir lu dans Terre des hommes d'Antoine de Saint-Exupéry. Aussi avions nous quitté notre cocon pour nous épanouir sur ce qui nous était tout autour. Nous y intégrer n'était pas du tout une chose illusoire, chaque fois alors qu'on s'acquitta de notre devoir, nous rejoignîmes les vendangeurs pour leur offrir une main dans la récolte des noix et des amendes car c'était bien leur saison. Notre action nous tendît les ponts des connaissances et de communication avec les hommes. Bien que j'ignore le moindre mot en berbère, mon collègue intervînt tout le temps pour me sauver à exprimer mes idées, c'était ainsi que nous tissions des relations avec les gens qui, en différentes occasions nous honoraient par des invitations à manger chez eux, également et après s'être informés de notre statut financier, ils s'adhéraient sympathiquement à nous faire parvenir par le biais de leurs bambins écoliers tout ce qu'il nous fallait comme nécessité alimentaire. Lait, légumes, fruits secs et parfois de la viande des caprins qu'ils faisaient sacrifier chaque fois qu'une bête se blesse grièvement et ne puisse s'en sortir et surtout le pain nous étaient apportés jusqu'en classe.

Notre école était vraiment coupée du monde qu'elle s'était commanditée par des hommes. Ce n'était d'ailleurs que le prolongement d'une coutume ancestrale qu'avaient connue nos écoles coraniques notamment dans le monde rural.

Même pas la moindre visite d'un responsable de nos supérieurs nous n'était accordée et si le directeur de notre secteur scolaire l'avait fait une fois dans l'année, c'était dans le devoir de s'assurer que nous étions encore là, que nous étions encore en vie.

Oui, nos supérieurs qui préfèrent entreprendre leur « cuisine » depuis leurs bureaux à éditer les agendas et les consignes assis sur leurs chaises à roulettes sans oser mettre les pieds plus loin ; là, où il n'y a pas de l'air conditionné, ils ne s'intéressent que de la logistique et des protocoles administratifs. Le terrain leur est peut être étrange et contraignant. Mais quand une discussion serait ouverte et qui touche ce qui a de plus sérieux dans les destinées du pays, ils émergent avec leur idéale hypocrisie pour discourir en pleines réunions comme pour éveiller partout les aptitudes et échauffer partout les vocations. Or, leurs mots resteraient sans effets puisqu'il est obvie d'être discordants à leurs actes et comportements. Les seuls visiteurs qui nous faisaient l'honneur étaient des rats des montagnes qui se glissaient discrètement la nuit sous la porte souvent déverrouillée et que l'on bloquait de l'intérieur à l'aide d'un bloc de granite. Instinctivement attirées par l'odeur de nos miettes de pain et de nourriture, ces bestioles de la nuit savaient trouver leur chemin aux noix que l'on avait eu à l'œil, accumulées dans un sac entreposé sur la commode tout près de mon chevet.

La première fois, certains curieux de leur gente venaient grignoter avec un grand plaisir les amandes et les noix déposés à portée de main. Ils usaient leurs incisives acérées pour éclater la coquille de la noix et en dégager le fruit, le bruit que cela produisit me réveilla. Je soutirai la torche du dessous de mon coussin et j'orientai le faisceau de sa lueur dans la direction des pétarades. Deux lentilles luisantes me fixèrent pendant un interstice de temps avant de prendre la fuite causée par le remous hirsute que je manifestai à la vue de l'ignoble gueule tout près de mon nez. Le haro que je criai sur la présence des mulots ragaillardit mon collègue. Lui aussi, tout décontenancé se mit à la poursuite des rongeurs dans la pénombre, empoignant tantôt une sandale tantôt une espadrille, le projectile susceptible d'écraser la première bête qu'il trouva à portée de sa main.

Pendant un bout de temps, nous étions possédés par une sorte de démence que nous dûmes mettre le désordre dans les moindres coins de la classe à traquer au milieu de la nuit l'introuvable démon de minuit.

Quoique nous dussions boucher tous les orifices et les ouvertures, cela revenait chaque fois que l'opacité de la nuit ou du sommeil nous enveloppait, ne consentant pas aisément l'abandon d'un délicieux régal que la promiscuité leur avait offert. Nous avions langui pendant de longues nuits à être aux aguets dans un combat méphistophélique que nous dûmes rendre les armes.

Au retour d'une semaine de vacances, nous déménageâmes dans un nouveau gîte au milieu du douar qu'un bénévole nous eut donné gratuitement.

XII

L'année suivante m'était une réelle aubaine pour m'affranchir d'un supplice dont les tortionnaires étaient l'exil et la longueur d'une année sans traitement.

Nous nous réunissions au siège de notre secteur scolaire et je distinguai parmi nos vétérans de nouvelles faces étourdies. Je compris tout de suite que celles-ci venaient d'être transférées de leurs centres de formation pour prendre nos places dans ce fortin que nous avions laissées toute chaudes. Elles n'avaient pas d'autre choix que de s'incliner devant la loi qui ne peut départager le dernier à se présenter au poste. Quant à moi, Je fus donc désigné dans une école bien située par rapport aux autres écoles satellitaires et dont les accès sont aussi commodes en trafic qu'à pieds.

Cette fois-ci, Je n'éprouvai aucune contrainte à me trouver un toit pour m'abriter. Mon antécédent m'avait légué le sien en bon état, la seule dépense raisonnable que j'avais faite avec mes deux anciens collègues et nouveaux voisins à la fois s'investissait dans un petit projet vital qui avait pour objet l'accès en eau de source par le biais d'un mode de canalisation moins onéreux. Ma situation de rémunération ayant été déjà réglée, je ne souffris aucunement à m'adhérer à cette entreprise qui, entre autre, nous rapprochait les uns aux autres. Nous vivions alors en communion et en partage. On partageait tout, intérêt, souci, classe, vivre et surtout de somptueux moments, la plupart du temps à deux, surtout avec Momo qui le plus souvent abandonnait son épouse et sa fille de deux ans pour rester avec moi jusqu'à une heure tardive de la nuit à jouer au domino et à se raconter les distrayantes anecdotes alors que le deuxième ne pouvait s'éclipser du regard des siens au-delà d'un petit quart d'heure.

À longueur du temps les gens apprennent bien à se connaître de mieux en mieux, nous autres, au cours des réduplicatives réunions nocturnes, on commençait à nous révéler d'avantage. Puis un soir, l'un de mes deux collègues m'avoua une vérité concernant leur première impression à mon égard. Ils dédaignaient ma nouvelle mutation parmi eux à cause de leurs prétendus préjugés à mon estime. Ils craignaient l'hypothèse que je harcelle leurs jolies épouses par mes galanteries chimériques qui n'existaient pourtant que dans leur rêve étant donné que je n'étais pas en couple. C'était vraiment drôle de l'apprendre ainsi car je n'aurai jamais dû penser à ce genre de futilité, à leur trahir dans leur propre honneur. Heureusement, qu'ils divorcèrent aussitôt leurs idées noires en me connaissant de plus près mais la chose dont ils n'avaient absolument pas la moindre idée était mon autre, une âme qui s'assoupissait, dormait et hibernait aux abscons de mon Ça et qui n'en ressuscita que par des moments bien précis.

Au printemps, j'avais invité mon ami Karim à passer un long séjour dans la montagne. De temps à autre, on profitait des plages du temps creux pour lui faire visiter la ville ocre. Nous descendions toujours dans le même beau vieil hôtel à quelques pas de la fameuse et séculaire place djamaa el fana, le cœur battant de toute la médina, la noria d'une large activité économique et incontournable site dans le circuit touristique. Beaucoup d'allochtones la rejoignent avant de s'égarer un bon moment entre les vétustes dédales de la ville impériale à la quête d'un dépaysement, notamment offert par les produits d'artisans chevronnés, par les odeurs des aromates et d'épices exotiques, puis ils s'y retrouvent à la vêprée quand le grand disque orange s'incline derrière le haut minaret de la koutoubia reflétant sa couleur rougeâtre sur les mines enflammées par une sorte de griserie particulière. Sans plus tarder, l'esplanade leur répand son charme hallucinant dans un cadre enchanteur où chacun use son propre jargon afin de courtiser les plus intéressés. Celui-ci esquisse des figures cosmiques en craie blanche sur le goudron faisant allusion à un cuistre astronome. Celle-ci sollicite le prédicateur populaire dans l'espoir d'avoir conseils sur son éventuel futur mariage. des conteurs d'histoires mythiques, du folklore, des troupes de musique dont les leaders sont en perpétuelle simulation des stars emblématiques de la chanson orientale et des guérisseurs assis même à terre en croisant leurs jambes au milieu de leurs étals de plantes médicinales cueillies dans les coins les plus chauds, vantant les mérites de leur offre à surmonter les problèmes de la frigidité sexuelle. Toute la place palpite, vit et respire aux rythmes des mystifications, des tapages nocturnes et de la fumée épaisse des grillades offertes au menu d'une dizaine de restaurants mobiles. L'ambiance que l'ensemble des visiteurs ressentent dans cet endroit magique surtout la nuit me donnait l'impression qu'une âme, qu'une essence, qu'un esprit aux multiples pouvoirs égaye le cœur des prisonniers de charme.

Nous aussi, on était envouté par cet égarement au milieu des touristes alors qu'une envie saisissante me guidait à aborder les donzelles d'ailleurs. Je me laissai aller dans cette démarche téméraire, prisonnier de mes rêves utopiques et en servitude à l'indéfini qui détenait les brides de mon esprit. Mes tentatives avaient échoué au début, mais le jour suivant, lorsque nous rentrions à l'hôtel vers la fin de la journée ; je m'allongeais sur le lit ce fut alors que Karim accourut vers moi pour m'apprendre la nouvelle, exalté, il me dit :

- Il parait que c'est la journée de ta chance. elles sont là, avec nous dans le même hôtel
- Mais arrête ! qu'est ce qui se passe ? je n'ai rien compris dans ta salade, je lui répondis en me dressant sur le séant.
- Je les ai entendues parler français dans les escaliers qui mènent sur la terrasse, c'est certainement des françaises.
- Oui, mais tout le monde peut parler français. Ecoute, tu te fais des illusions mon pote. Repose-toi un peu. On va sortir la nuit.

Il paraissait que ma réponse le déconcerta. Il se tut un instant mais ne voulant pas lâcher prise, il riposta :

- Toi, tu ne m'as jamais pris au sérieux, c'est mauvais de plaisanter avec quelqu'un tout le temps…! d'ailleurs comme on fait tous les deux…! Si cela ne t'intéresse plus, je m'en fiche carrément. Ce n'était pas moi qui courrait après les filles depuis hier seulement j'estime que c'est une belle occasion pour nous, si on la rate, on ne trouverait pas une de mieux.

En me disant ceci, je sentis une espèce de déception dans la voix atténuée de mon ami, déjà la désillusion commençait à marquer le reflet de ses grands yeux noisette. Mais, au moment où je le crus, mon attitude sembla le relancer à nouveau dans l'enthousiasme de l'aventure.

- Regarde, je vais monter voir avec elles et si jamais je ne reviendrai au bout de cinq minutes, c'est qu'elles auraient déjà mordu à l'hameçon, alors tu me rejoindras ensuite, je crois que la consigne est bien claire.

- Ok ! vas-y et bonne chance.

Après m'avoir bien accommodé, je m'engageai lentement dans les marches des escaliers qui mènent vers le belvédère de l'hôtel tout en préparant mes premières phrases susceptibles d'engager la conversation. J'essayai d'être le mieux naturel.

- Bonjour !

- Bonjour ! Répondirent en chorale.

- C'est doux par ici ! Vous êtes, vous aussi, pour une bouffée d'air ? je leur avançai. Mais avant de répliquer, elles se regardèrent comme pour organiser la communication, l'une d'elles me dit :

- Nous voulons juste nous isoler ici pour bruler du tabac... Est- ce qu'il y a un problème que nous y soyons ? Vous êtes le maître de l'hôtel ?

- Non, non pas du tout, ne vous dérangez pas pour moi, prenez toute votre liberté, je suis tout comme vous, un client de cet hôtel. Il fait chaud aujourd'hui, je m'étouffais en bas. Eh bien ! je monte ici pour respirer un peu d'air frais. C'est beau de voir les terrasses sous le coucher du soleil !

Je voyais les deux faces se dérider de rassurance et je continuais.

- Je me présente, je suis Hamid, je fais enseignant dans une école communale du Haut-Atlas et vous ?

- Moi c'est Mathilde ; elle, c'est Isabelle.

- Enchanté !

- Idem !

- Vous venez de France ?

- Oui, on vient juste d'arriver, on a mis deux heures par avion, de Bordeaux à Casablanca puis on a pris un autre pour Marrakech et nous nous sentions très éculés en prenant ce vol intérieur, par moment, on avait l'impression de voyager dans une boîte de la casse, ça craque de partout.

- On était devenue vertes de peur, ouf ! C'était terrible ! Heureusement qu'on n'était pas achevée dans un champ de blé ! Soupira Isabelle.

A cet instant-là, Karim apparut sur la terrasse en guise de me chercher, je lui fis signe d'approcher et je le leur présentai avant d'enchaîner notre entretien auquel il ne participa que rarement par manque d'implication à parler français mais cela ne l'empêchait pas d'utiliser d'autres codes pour communiquer.

- Fallait mieux prendre un vol direct que de perdre deux kilos chacune de trouille, je plaisante ! Précisai-je.

- Elle est bonne celle-là ! Après avoir rigolées, Isabelle continua, ce n'était pas possible de Bordeaux. Il fallait partir d'Orly… mais ! Bon ! Nous y voici, ce qui est essentiel.

- Vous habitez toutes les deux la Gironde ?

Les deux françaises se jetèrent un petit regard sournois avant de répondre.

- Moi, j'habite à Bordeaux et Mathi vient des Deux Sèvres, en fait.

- D'où, donc ?

- D'Echiré.

- Je ne connais pas.

- Tu as déjà été en France ? me demanda Mathilde très curieusement.

- Non, je n'y étais jamais.

- Ben ! je trouve ça marrant ! tu te débrouilles bien à parler notre langue et il parait aussi bien que tu connais pas mal de chose sur notre pays mieux que des français eux même.

La conclusion de Mathilde me flattait tellement que je dû fondre d'ostentation devant mon ami Karim qui était resté bouche bée à me voir produire dans cette scène de premier contact. Le temps passait très vite et la nuit commençait proue à descendre son rideau. C'était un bon moment pour moi et mon ami pour les inviter à sortir ensemble au café du coin et leur offrir un verre. Mais, c'était curieux de remarquer chez elles, toujours, cette transmission des idées par eucharistie avant même de prendre une décision commune. De toute façon notre proposition avait été admise sans commentaire. Déjà, les marques du plaisir jalonnaient le regard de mon ami tout comme le mien car on pressentit qu'on était bien sur la bonne voie.

Avant de nous engager dans la ruelle, les deux françaises nous avaient quittés quelques minutes pour se faire parer. Nous les attendions à la sortie de l'hôtel. Quand elles nous rejoignirent, on marchait en couple sur le pavé que les milliers de touristes rebattaient par la foulée sans même laisser apparaitre notre appréhension d'être colleté par la brigade touristique en nous prenant pour des faux guides. Cette brigade spéciale qui agit dans le sens de protéger les rapporteurs de la devise des tartuffes et des malintentionnés qui, à maintes reprise, avaient alléché les plus vulnérables des étrangers par leurs malicieuses ruses. Le touriste était donc au cœur de la préoccupation des autorités qui, par la prise d'un ensemble de mesures, parfois, draconiennes, voudraient le faire sentir en sécurité. On avait, peut-être, raison d'intercéder de la sorte en vue de maintenir ses propres intérêts dans un monde où la compétitivité du marché compte en premier lieu

.

Ces précautions de sécurité avaient été un peu accentuées du moment où l'opinion international fut bouleversé par les évènements du onze septembre aussi bien que par les attentats contre les occidentaux dans certains pays de leurs destinations touristiques. Ainsi, des véhicules de la sureté nationale patrouillent aux abords des bus de touristes chaque fois que ces derniers s'arrêtent dans un lieu public. Cette vigilance à travers laquelle voudrait-on satisfaire l'autre n'est malheureusement pas déployée au service des simples concitoyens lorsqu'éventuellement on en aurait besoin. L'écart de l'inéquation est bien clair dans un monde où l'on accorde plus de valeur à ceux qui viennent de loin, à ceux qui apportent bien, en même temps on frappe terriblement tout ce qui touche à la dignité de ceux de chez nous. Pourtant, le monde n'est pas vulnérable, justement au moment où l'on voudrait donner à nos hôtes l'impression de la sécurité, c'est qu'on est bien en train de faire le contraire.

De toute façon, nous arrivâmes au café et nous primes nos places sur la terrasse qui foisonnait de clientèles. Tout de suite un jeune garçon vint prendre nos commandes.

- Bonsoir mes dames et messieurs ! que puis-je vous servir ?

- Apportez-moi un thé à la menthe s'il vous plait ! Recommanda Mathilde.

- Et vous mademoiselle ?

- Vous en apportez deux s'il vous plait ! Rajouta Isabelle.

- Moi, je voudrais un café léger et une bouteille d'eau minérale.

Karim hésita un peu à faire son choix, enfin il dit :

- Je prends un coca pressé !

Au moment où le serviteur alla chercher nos boissons, Isabelle engagea la conversation comme pour remplir le temps mort entre l'aller et le retour du mastroquet, elle m'interrogea :

\- C'est quoi ce truc que vous portez tous les deux autour des cous ?

Directement, je l'enlevai, le pris entre mes doigts en le leur démontrant puis j'expliquai :

\- Vous voyez là, c'est une douille de projectile qui a été remplie de mercure blanc puis vissé du bas afin d'empêcher la fuite du vif-argent. C'est en quelque sorte un porte bonheur, le vendeur de qui nous l'avions procuré nous a dit que la matière écartera tous les méfaits du monde de notre chemin.

Puis d'un geste amical je le portai à son cou.

\- Tiens, je te l'offre en cette belle occasion comme témoignage à notre connaissance et j'aimerai bien qu'il vous apporte aussi bonheur à partir de cet instant.

Mathilde l'accepta avec sympathie et m'en remercia. Karim fit de même avec Mathilde, celle-là s'excusa au début mais elle finit par l'accepter sous l'insistance de mon camarade.

\- Madame.

- Merci !
- Monsieur.
- Merci !
- je vous en prie....

Le mastroquet nous servit avec courtoisie et repartit. Je saisis un morceau de sucre, le brisai en deux et j'en plongeai la moitié au fond de ma tasse.

- Qu'est-ce que vous avez au programme pour demain ? Dis-je en diluant le sucre à l'aide d'une petite cuillère.

Isabelle qui éprouvait des difficultés à se servir de sa chaude théière, l'abandonna un moment et regarda dans les yeux de son amie

- Alors..., je crois qu'on va commencer par visiter les tanneurs le matin, puis on ira faire des courses au magasin des godillots de montagne. Mathilde écoutait les propos de son porte-parole et humait son thé, tandis que Isabelle éprouvait toujours les mêmes difficultés à saisir l'anse chaude de sa théière, j'intervins pour l'aider à lui verser un verre.

- Attendez ! Permettez-moi de vous aider !

Elle me laissa faire. J'utilisai un morceau de papier pour bien attraper le récipient et lui versa la moitié d'un cristal, au fur et à mesure je déduis.

- Vous êtes donc, du genre des touristes qui préfèrent aller à la rencontre des gens au lieu de se contenter des monuments historiques dans les villes.
- Si vous voulez le dire, vous voyez ! nous, on préfère mieux commencer par le tourisme de la montagne. Le plus important pour nous c'est de voir comment vivent les gens dans la nature, leur civilisation et tout. On a marre des métropoles où le monde mène presque une espèce de vie formatée où rien n'est originel.

Je trouvai alors l'opportunité pour les convier à venir avec nous.

Je dus avoir la manière pour le leur annoncer. D'un seul coup, j'avalai le reste de mon café adouci, puis avec une lampée d'eau minérale, j'évinçai le peu de trac, le même que celui qui saisit un homme face à une femme quand il veut lui déclarer une confidence particulière.

- Ça tombe bien alors ! Demain, je rentrerai chez moi dans la montagne ; ça vous dirait de nous accompagner ? leur suggérai-je.

C'était encore le même échange de coup d'œil entre les filles avant que l'une réplique. Elle essayait, toujours en regardant la réaction de son amie, de bien placer les mots, tout en évitant ce qu'à son alter égo déplaise.

- Ecoutez, ça nous ferait énormément plaisir, je crois qu'on a déjà programmé notre destination de montagne, comme ça on serait bien rassurer quand même. Disait Mathilde, et si à la dernière seconde on change de programme il faut bien qu'on le discute toutes les deux.

- Ok, c'est où donc votre destination ? demandai-je d'une voix tendre.

- Le Toubkal via Imlil.

- C'est vraiment curieux !

- Curieux ! S'exclamèrent à la fois.

- mon école se trouve dans le même massif mais sur l'autre versant. Au cas où vous accepteriez mon invitation, vous y arriverez de l'autre côté à une journée de marche sur des sentiers incommodes. Je vous promettrai l'une des plus belles randonnées que vous n'avez jamais faites. Il suffit de me faire confiance, je connais très bien le coin et si, même, vous aurez besoin d'un guide de montagne je connais des personnes qui ont cette qualité, il sera à votre entière disposition dès que vous le voudrez.

Les deux égrillardes se consultèrent des yeux. Elles semblaient être partiellement dissuadées par mon offre. Je voulais sauter d'euphorie à l'écoute de leur assentiment or la modalité du lieu me l'en empêcha tellement. Le temps passait si vite que nous le percevions c'était alors que Isabelle chuchota tout bas à son amie.

-       Je crois qu'il est temps de rentrer.

Je me précipitai pour rétribuer la note et nous accompagnâmes les dames jusqu'à la chambre treize contigüe à la nôtre dans le beau vieil hôtel où elles s'enfermèrent à double tours.

A peine pénétrions nous la nôtre que Karim fut saisi d'une hilarité extrême. Il prît son lit pour un trampoline à exprimer sa jubilation de l'évènement.

- Veux-tu te calmer un peu ? lui demandai-je.

Il abandonna son lit pour venir s'assoir sur le mien, il me dit :

- Quelle mouche t'a piqué tout à l'heure ? je ne t'avais jamais vu monter une bourle de la sorte. C'était formidable de te voir incarner ton rôle.

- Arrête ton char !

- Je te jure que tu étais passé pour une autre personne, tellement différente et méconnue de ce que t'es pour moi en cet instant de par tes paroles, les expressions de ton visage, tes mimiques et tout.

- Ça ! Je l'ignore complètement. Affirmai-je.

- De toute façon je n'arrive pas à croire mes yeux, j'ai bien peur qu'elles changent d'avis demain.

- T'inquiète pas, elles sont à nous maintenant. Va te reposer dans ton lit.

Les deux françaises semblaient être plus âgées que nous. On ne les aurait jamais donné la quarantaine. Leurs visages si « spéciaux » n'avaient pas été vraiment marqués par le temps. Les cheveux châtains d'Isabelle, coupés raisonnablement court n'avaient pas encore une touche de gris. Même s'elle approchait à grand pas du milieu de sa vie, elle passait encore pour

131

quelqu'un qui vient de franchir la barrière des trente ans. Quant à Mathilde, elle paraissait beaucoup plus jeune, avec sa chemise décolletée, son pantalon en jean délavé et ses cheveux noirs épinglés à l'aide d'une écharpe cambodgienne d'où lui échappaient quelques longues mèches ondulantes, celles-ci tombaient directement sur son joli cou dégagé. Dans son joli sourire se lisait une amorce de flirt ainsi l'ensemble de son aspect physique et vestimentaire lui donnait un air de baroudeuse non dénuée de charme.

Le lendemain matin, nous étions les premiers à se réveiller et nous dûmes attendre les autres avant de sortir prendre notre petit déjeuner ensemble. Karim très impatient, tapa doucement sur leur porte.

- J'arrive ! répondit une voix féminine de l'intérieur de la chambre.

Après quelques secondes, Isabelle surgit, tenant à la main une trousse de toilette, les yeux à moitié ouverts et les cheveux encore défaits.

- Bonjour ! Vous avez bien dormi ? nous demanda-t-elle.
- Très bien, merci.

- C'est par où la douche ?
- Vous tournez à droite.
- Mathilde est encore au lit ? Demandai-je.
- Non, elle vient de se réveiller. On se sentait très fatiguées hier, mais bon ! Ça va pour l'instant.
- Ben, c'est normal. Les voyages ont toujours été comme ça. Excusez-nous de vous avoir dérangé, on voulait juste vous dire qu'on vous attend au même café pour le brunch.
- C'est bon, accordez nous une demi-heure.

Subséquemment au petit déjeuner, Isabelle et Mathilde eurent déguerpies à faire leurs propres besognes et n'en revenaient qu'à une heure de l'après-midi. Il nous était indispensable de les attendre à la réception avant de rendre les clefs et partir sans elles. Mais lorsqu'elles apparurent à l'entrée principale de l'hôtel, les scrupuleuses idées que nous étions en train de se faire se dissipèrent à l'illico.

- Pardon de vous avoir fait trop attendre, s'excusa Mathilde.

- Vous ne pouvez pas imaginer combien de difficulté avons-nous rencontré à nous faufiler entre les gens qui encombrent les boyaux de la médina, soutint Isabelle et elle

133

continua après avoir repris son haleine, je vois que vous êtes déjà prêts.

- Oui. Ça fait une heure qu'on vous attend.

- Je vous assure qu'on ne va pas trainer cette fois-ci à récupérer nos bagages, assura Mathilde.

Enfin, nous quittâmes cet hôtel, les cœurs emplis de béatitude d'être accompagnés de Mathilde et d'Isabelle. Avant de prendre la route vers les pics où nous les avions conviés, nous déjeunions dans un petit restaurant de la place. Comme c'était dimanche, Mathilde et moi faisions, ensuite, le tour des pharmacies en permanence pour l'acquisition d'une crème susceptible de protéger les délicates peaux des coups de soleil. Cela nous prenait presque une heure moins le quart ce qui mettait Isabelle que nous avions laissée en place avec Karim dans le doute d'un kidnapping. Celle-ci cachait son présage jusqu'à notre retour, puis elle nous en fit-part.

A notre arrivée au village, Abderrahmane nous aperçut descendre du taxi, il abandonna son atelier et vint se renseigner sur les attirantes filles qui nous accompagnaient. Je désaltérai sa curiosité et lui consigna de me rejoindre chez moi dans quatre jours. J'avais déjà prévu de lui endosser la responsabilité d'accompagner les françaises dans la cavalcade qu'elles entreprendraient pour rallier le Toubkal à la marche. C'était un office que je ne pourrais pas faire moi-même à cause de mes classes, Karim non plus. Par conséquent, Abderrahmane m'était imposé pour de simples raisons. D'abord, il était la seule personne de la contrée à qui je devrais faire toute ma confiance grâce à l'action humanitaire dont il faisait preuve lors de mon arrivée là pour la première fois aussi bien qu'à maintes reprises, ensuite ses qualités d'interagir avec la population et sa connaissance assidue de la carte géographique de la région font de lui un incontournable candidat dans cette affaire

En attendant cela, nous escortions les convives vers les pénates à travers les escarpements de la montagne. Karim qui était bardé du lourd sac-à-dos d'Isabelle trainait le pas derrière avec elle, alors que Mathilde et moi, nous les devançâmes presque de vingt à trente mètres. De temps à autre, on s'arrêtait pour qu'ils nous rattrapent et c'était souvent des leçons de botanique que les variétés de la flore nous suggéraient à chaque halte. Je me rappelle qu'une figue de barbarie attira l'attention de ma partenaire par la couleur jaune vif de sa fleurette en pleine éclosion comme un papillon qui cherche à glaner son précieux nectar et d'un geste méticuleux, elle en inhala la fragrance. Je me tenais flegmatique à la regarder professer dans cette classe nature tout en citant les effets curatifs de la plante endémique. Isabelle qui nous était sur les talons sortit son appareil photo et immortalisa ce moment fort. A chaque nouvelle découverte, on entendit le même crépitement du magnésium que le flash du dispositif produisait.

Lorsqu'on était arrivé devant une vieille porte pleine sur laquelle étaient estampillées des graphismes mystérieux, les deux françaises s'immobilisèrent d'émerveillement puis une jeune femme surgit à l'improviste, nous salua et nous convoqua aimablement à l'intérieur d'un verger. L'inconnue parlait couramment français, elle disait que la propriété appartenait à un antique caïd de la région avant de tomber dans les mains d'un colon français. Celui-ci déshérité, la liquida d'un prix gratuit avant de rentrer chez lui une fois pour toute. Les étrangères semblaient être intéressées par son récit qu'elles lui demandèrent assez de lumière. Ensuite, elle nous emmena dans un petit clos où elle moulait de l'orge pour en faire du pain. Ce qui avait fait notre grande surprise était cette mécanique de petit moulin traditionnel au fonctionnement hydraulique, véritable génie du montagnard qui avait eu l'intuition de sa faiblesse. La force qu'il usait à broyer les grains des céréales l'avait trouvée dans la nature. Ainsi avait-il profité de la force des eaux courantes de la rivière en tranchant un petit canal relié à la « turbine » du moulin de sorte que l'eau qui y traverse la déclenche. La jeune femme berbère nous fit la démonstration et nous donna au fur et à mesure des explications sur les modes de réglage à obtenir de la semoule, de la farine de blé, de maïs et de seigle. A l'issue de notre rencontre casuelle avec elle, elle nous offrit chacun la quantité d'un bol de lait caillé en signe de munificence avant de quitter l'endroit.

Nous reprenions alors notre chemin et nous marchions une bonne distance sur le sentier caillouteux. Déjà, les semelles de nos compagnes commençaient à souffrir. Il me semblait que leurs pas alourdis nécessitèrent une pause de quinze minutes avant d'attaquer la montée. Les françaises, apparemment inaccoutumées à ce genre d'épreuve m'interrogèrent sur la distance qui restait à parcourir. Encore une demi-heure d'endurance et on arrivait à bon port. Nous nous arrêtâmes tout près des hangars d'un ex-minerai. Là, on se rafraîchit les membres et les figures en eau de rivière et nous partageâmes deux bonnes pommes en vue de substituer le manque d'énergie dépensée par l'effort. Mathilde qui souffrait des cloques dans les orteils se plaignit aussi d'un petit mal au niveau des épaules légèrement creusés par les sangles de son lourd sac-à-dos. Je me chargeai de le porter pour la reposer un peu quant à Karim, il insista de garder celui d'Isabelle sur son dos malgré ses minimes tentatives de le récupérer.

En arrivant chez moi, nous nous débarrassâmes du fardeau et de nos souliers. Mathilde ouvrit sa trousse et en sortit un brin de coton qu'elle imbiba avec une liqueur très forte et soigna les boursouflures de ses pieds. Quand soudainement une voix familière m'interpela du dehors.

- 	Il y a quelqu'un ?
- 	Entrez ! Je vous prie. Répondis-je.

C'était mon collègue qui habitait juste à côté de moi, il était venu pour des nouvelles sur mon récent voyage à Marrakech qu'il n'eut pas visité depuis six mois. Sans doute la nostalgie de sa ville natale le regagnait de temps en temps mais en remarquant la présence des gazelles. Il s'excusa et me dit :

- Je viens simplement vous dire bon retour.
- C'est gentil ! Asseyez-vous monsieur Abdel... ! Je te présente nos invitées et amies Mathilde et Isabelle, voici notre vétéran de l'école monsieur Abdel.
- Enchantées.
- Moi, aussi.... Bon veuillez m'excuser je dois vous laisser.
- Restez un peu.... On va préparer du thé pour le gouter. Insistai-je.
- C'est inutile ! J'ai laissé lalla Nezha toute seule. Je reviendrais peut-être dans cinq minutes.

Depuis que monsieur Abdel fut marié avec lalla Nezha, elle aussi une institutrice, il ne pouvait la quitter des yeux un bon moment. On dirait une nymphe à laquelle il devait un aveugle dévouement. Quoi qu'il en soit, le couple n'eut jamais dénuées d'altruisme envers ma personne comme à cet instant-là où le mari réapparut avec, à la main, un plateau chargé de galettes, de fruits secs et de thé dont la mixture vous révèle toutes les plantes aromatiques du printemps. Il me livra l'ustensile et se retournant pour repartir chez les siens, je lui dis :

- Où vas-tu comme ça ? reste un peu.
- Ne vous faites pas pour moi. Allez, bon appétit !

Je le suivis jusqu'au-delà de la porte, je lui déclarai en privée.

- Merci beaucoup pour tes libéralités. Je vous en serai très reconnaissant cher collègue.
- Ce n'est rien !...Au fait, au cas où vous aurez besoin de quelque chose, n'hésite pas à me le demander pour que je vous le lègue.

Karim s'affaira à nous verser du thé et nous mangeâmes goulument les gourmandises. A chaque bouchée, les françaises ponctuaient leur mâchonnement par des locutions de délectation.

- Soyez les bienvenues ! Leur dis-je.
- Merci.

- Ça fait combien de temps que vous habitez ici ? me demanda Isabelle.

- Cela fait à peu près huit mois que je vis dans cette case. C'est quand même beaucoup mieux que l'année précédente où les conditions étaient encore plus pires que ça. De toute façon, on vient, à la base, d'un monde plus favorisé. on essaie le maximum de s'adapter avec le nouveau mode de vie. Je ne vois pas comment trouvez-vous la chose.

- Eh ben ! on est des passagères, pour l'instant ça va être joli de dormir ici.

- Vous le dites.... Des passagères...!

Plusieurs sujets se présentèrent au menu de notre discussion avant d'aller au lit. Le temps était très doux dehors et le beau clair de lune faisait chanter aux grillons les mêmes ritournelles de la nuit alors que Mathilde et Isabelle chuchotaient imperceptiblement un long moment. Malgré la langueur qui nous eût eus, le sommeil de nos paupières s'était enfui. Chacun attendait que l'autre fasse le premier pas pour une exploration amoureuse mais de peur qu'on regrette après l'aventure périlleuse les conséquences douloureuses de nous avoir laissés emportés par nos velléités sans pudeur et sans chasteté, je préludai l'abstinence et l'innocence au lieu de tomber dans une situation d'insolence. Karim qui désapprouvait catégoriquement ma démarche à cause de ses capricieuses envies se trouva subrepticement happé par la quiétude d'un sommeil tout dentelés par ses inquiétants ronflements. Il ne savait point que celui qui, dans mon subconscient était enfui, surgit à l'occasion de cette rencontre et vit, que jamais il ne pourrait supporter l'infime ennui.

Le lendemain, Je voulais prendre Isabelle et Mathilde, dans une petite balade au bord de la rivière où passer une grande partie de la journée à profiter de la douceur du climat et la fraîcheur d'une eau claire et limpide. Mais Karim refusa obstinément de rester à la maison jusqu'à midi, juste le temps de nous préparer le tajine du déjeuner. J'essayai avec toute mon essence de le persuader mais en vain.

- Ce n'est pas la peine de me raconter tes histoires ! me dit- il avec un ton plus ferme.

- Essaie en moins de comprendre….

- Je ne veux pas comprendre.

J'adoptai alors une autre stratégie.

- J'ai classe à treize heures et il se peut que j'aurai de la visite. Laisse-moi, d'abord accompagner les filles pendant les deux heures que j'ai libres, et occupe-toi de la cuisine jusqu'à ce qu'à ce que le déjeuner soit prêt. Tu nous rejoins ensuite. T'auras toute la journée !

- Je connais ta vieille chanson. J'ai dit que je ne reste pas. Un point c'est tout.

Les deux filles étaient déjà prêtes. Elles m'attendaient dans la cour de l'école chaussées de leurs escarpins et munies de leurs magasines préférés.

- Tu viens ?

- Tout de suite.

Je me précipitai vers elles et d'une voix un peu timide je leur dis :

- Karim va vous accompagner, il connait très bien le paradis perdu. Quant à moi, je reste pour vous préparer le tajine. Je ne dois pas aller loin car il se peut que le directeur de l'école me rend visite cette journée.

- Ok ! à bientôt.

Je me tenais immobile sur le haut de la butte à voir les trois silhouettes dégringoler la descente avec beaucoup de prudence, la main dans la main.

\-   Je vous rejoindrai dés que possible. Hélai-je.

Elles disparaissaient entièrement de mon champ visuel et je rentrai chez moi la gorge serrée de dépit. Je m'occupai donc de la préparation du bourguignon et j'attendais avec impatience le retour des baladeurs mais pas avant midi.

Au cours de l'après-midi, je reçus le directeur dans ma classe comme c'était prévu, il écouta une de mes leçons de grammaire puis il m'invita dehors pour me parler à l'insu des apprenants à propos de la présence des étrangères dans notre école. Je savais qu'un certain Brahim que nous avions rencontré la veille au chemin et qui fait parfois son adjoint, lui avait tout colporté. Cela ne m'intéressais pas autant et je fis semblant de l'écouter mais ses paroles entraient par cette oreille et sortaient par l'autre. La direction appréhendait que l'état de nos établissements passe à découvert dans les reportages télévisés ou qu'il soit publié sur les pages de certaines revues de presse européennes. Et si éventuellement cela serait effectivement fait, de quoi a-t-on vraiment peur ? N'est-ce pas notre vraie réalité ?

A seize heures dix, je libérai les enfants tout comme cette chose qui vit en moi et qui s'y imprime parfaitement. Je partis en direction de la rivière où Karim et les égrillardes devaient être. Elles prenaient leur bain de soleil allongées sur un gros galet au milieu des eaux cristallines et bariolées. Je m'approchai tout doucement d'elles ne voulant pas les déranger en ce moment de détente et de relaxation. Sans obtenir leur permission, je m'accaparai de leur caméra et m'acharnai à leur prendre des photos dans cette posture. Les françaises acquiescèrent mon idée et posaient devant l'objectif de l'appareil telles des mannequins des premières pages de magazines féminins.

Le soir même de cette journée indélébile, Isabelle proposa de nous préparer le dîner à la française, je la munis de tout ce qu'il fallait comme ingrédient et je la laissai faire son ouvrage. Je me retirai près de Mathilde et Karim, déjà pris dans une controverse au sujet de l'almanach musulman et je scrutais la face d'Isabelle un peu hâlée par les coups de soleil malgré l'onguent qu'elle s'était appliquée le matin en guise de protection des ultra-violets. Elle me paraissait plus belle que jamais dans cette lumière un peu terne des bougies qui lui rajouta un charme d'Aphrodite. Son côté un peu sérieux autant que réservé, son niveau intellectuel aussi bien que d'autres qualités morales faisaient d'elle une personne devant qui il faut faire appel à toute la sagesse du monde avant de lâcher imprudemment les mots qui offensent, blessent et tourmentent.

Elle mit la recette sur le feu, vint s'installer à mon côté pour faire à deux la grille des mots fléchés. Involontairement, elle appuya son épaule à mon épaule et nous nous mîmes à lire indistinctement dans ce faible éclairage ; chacun de son côté, tout bas, le plus souvent la même définition. Son esprit allait plus vite que le mien. Parfois, elle attendait que ce soit moi qui devrais trouver le mot adéquat. Justement, c'était ce mot qui me manquait pour lui exprimer les sensations qui parcouraient mon derme lors de ce contact spontané certes, mais en même temps plus ardent puisqu'au lieu de jouer aux mots fléchés, mon esprit jouait à son propre jeu, à autre chose, faite de son propre fantasme. Toujours dans la même position, on cherchait une autre définition, celle-là paraissait un peu difficile à déchiffrer et nos têtes continuaient à se toucher, nos cheveux se mêlaient, nos haleines peu à peu se rapprochèrent et nos bouches tout à coup. Une odeur de brûlure l'arracha de sa place aussi bien du cliché que mon esprit tournait fougueusement. Le dîner était sur le point de cramer littéralement, Isabelle intervint finalement, le sauva et nous invita à table. Au flaire de la fumée qui se propageait dans les narines, Karim sentit son cœur se soulever de dégoût, il s'en excusa en sous prétextant que la poche de son estomac ne pourrait recevoir un excédent de nourriture. Dans cette situation, le retrait de Karim me condamna à partager le repas d'Isabelle. J'avalai péniblement les quelques bouchées insipides qu'à chaque fois je faisais suivre de gorgées de boisson gazeuse afin d'éviter de tout rendre.

Le repas fini, nous nous livrâmes à un long moment de potin avant d'aller au lit. Mathilde nous fit visiter son petit jardin de secrets. Elle nous parlait de ses incessants problèmes avec son mari Bernard. Celui-là l'abandonnait avec ses enfants, Jules et Julien encore petits, il entreprenait ses longs voyages en Asie mineure en tant que volontaire de la croix rouge. Pendant de longues nuits, la vie de Mathilde n'était que larmes et pleurs. Elle gardait toujours dans sa poche au fiel les plaies de l'ennui que lui causait son mari par ses actes de violence dans toutes ses formes. Cependant, jamais ! Non jamais, elle ne l'avait poursuivi en justice, non pas parce qu'elle le craignait, mais parce qu'elle est bonne dans son cœur et tout de suite elle lui pardonne.

Tandis que Mathilde nous évoquait les tristes évènements de sa vie privée, une larme tangua le long de son duvet. Elle portait son index au coin de son œil pour l'assécher. Je sentis une de ces boules qui logent au niveau de la gorge. Je n'avais plus envie de rien. Nous dormions enfin côte à côte sans rien de plus, le souffle apaisé à entendre la respiration calme de Mathilde aussi bien que celle d'Isabelle alors que Karim entamait son fanfare de ronflement à faire écrouler toute la montagne dans le silence de la nuit.

Ces trois jours que nous avions passé ensemble dans l'ultime intimité s'écoulèrent comme un éclair. Combien avons-nous espéré que le temps se fige pour ainsi devenir éternité ! Cela relève certainement des faits de l'impossible du moment où Abderrahmane était venu pour servir au compromis que nous avions déjà fixé et qui concerne l'accompagnement des françaises dans leur grande marche à rallier le Toubkal.

148

C'était un moment trop difficile à vivre lorsqu' il consulta sa montre et dit :

-       C'est l'heure ! Nous devons partir avant que le soleil soit plus haut.

Mathilde et Isabelle se précipitèrent à porter leurs sac-à-dos. Le guide leur dit de les laisser, qu'il s'en chargerait, il appela un certain Abdoullah, son ami, engagé comme porteur. Pourtant, nous n'étions pas mis d'accord sur ce point, le racolage de celui-là ne figurait pas en principe dans la convention engagée bilatéralement. Toutefois, je ne manifestai aucune objection et je laissai aller les choses, comme étant choqué d'être défait d'un beau rêve en partance. Le seul mot que j'avais à lui dire était de bien prendre soin des filles jusqu'à ce qu'elles arrivent saines et sauves à destination.

-       Aller, en avant ! Balbutia-t-il.

Le guide et le porteur marchaient devant alors que les françaises attendaient un peu chez moi.

-       Ben, voilà !...c'est difficile de partir après avoir passé ensemble de très bons moments, disait Isabelle toute émue. Vous nous avez ouvert votre porte autant que vos cœurs. Votre accueil et votre désintéressement nous sont allés droit au cœur. Vous avez fait l'effort de parler notre langue alors que nous n'avons pas pu en faire autant, malgré nos tentatives.

- Vous partez quand même avec le peu de mots que nous vous avons appris. Commentai-je.

- C'est vrai ! Votre ouverture d'esprit nous a permis de parler de tout, de la langue, de la culture, de l'éducation, de la philosophie de la vie,…. Nous ne savons pas comment vous remercier.

- C'est nous qui devrons vous remercier de nous avoir apporté la chaleur et la joie de vivre pendant ces trois jours. Rétorquai-je.

- j'espère que nos rires s'entendront encore longtemps dans ces montagnes pour vous égayer le cœur. Formula-t-elle.

A ces mots, Isabelle prit son calepin, y écrivit son adresse et son numéro de téléphone après, elle passa le stylo à Mathilde. Pendant que celle-ci inscrivit la sienne aussi que ses coordonnées, elle nous dit :

- comme l'a dit Isabelle, je tiens à vous remercier de ma part de nous avoir fait partager votre vie en toute humilité.

C'était déjà une grande leçon d'humanité. Nous partons le cœur grandi et empli de la chaleur de ces instants inoubliables.

Puis elle arracha le papier, me le tendit.

- J'espère que vous nous écriviez sur ces adresses. Donnez-nous les vôtres pour ainsi prolongez notre rencontre par des lettres, pourquoi pas d'autres voyages chez vous, vous chez nous....Inchallah.

- Bien évidemment ! Répondis-je.

Karim nota son adresse le premier. J'ajoutai la mienne et je leur rendis le stylo et le carnet qu'Isabelle tint désormais la précaution de ne pas perdre.

Elle m'embrassa très chaleureusement, je sentis son corps s'imprimer contre le mien. Quand elle s'en détacha, ses doigts glissaient légèrement le long de mes bras et descendaient jusqu'au bout de mes petits-doigts. Elle fit trois pas en arrière puis tourna vers Mathilde qui l'attendit avec les autres sur le layon exigu.

- prenez soin de vous... peut être à la prochaine. Dit-elle.

- Au revoir et pensez à nous.

- Absolument.

A la vue des égrillardes s'éloigner et disparaitre derrière l'horizon du bloc de pierres, un triste chagrin se fit sentir et nous attendîmes avec beaucoup de zèle le samedi suivant, jour du retour d'Abderrahmane et son compagnon.

Nous vécûmes les deux jours qui suivaient le départ des françaises dans les annales de ceux qui le précédaient.

Vers la fin de la semaine, nous nous rendîmes à Ijoukak où Abderrahmane devrait s'y trouver. Cependant son atelier était encore fermé et nous étions alors obligés à l'attendre au café adjacent toute la matinée autant que l'après-midi mais aucun signe qu'il soit revenu nous n'était affirmatif. Le retard d'Abderrahmane m'intriguait tellement que je demandai aussitôt au maitre du café :

- N'aurais-tu pas vu Abderrahmane ?

- Pas du tout, cela fait deux jours qu'on ne l'a pas vu dans le coin, il m'a dit qu'il irait te voir dans le courant de la semaine. N'est-il pas venu chez toi ?

- Si….mais, il est reparti tout de suite avec quelqu'un….

Je commençais à m'inquiéter à ce qu'un malheur arrivât à l'une ou à l'un des quatre randonneurs au cours de leur traversée entre les crevasses et les entailles inhabités de la haute montagne. Làbas, le temps peut changer subitement, ce qui pourrait, dans le cas échéant, déclencher un orage dont les conséquences seraient plus désastreuses. Heureusement qu'un ami du cordonnier me dépêcha qu'il venait de le rencontrer du côté de sa maison accompagné de deux étrangères. Cette information apaisa en quelque sorte notre appréhension alors qu'en même temps elle attisa notre curiosité à savoir l'identité des filles qui l'accompagnaient en cet instant-là. Nous nous précipitâmes donc vers sa maison à sa rencontre.

Au bout du chemin, je sentis qu'une idée travaillait la tête de Karim, je lui demandai :

-     Qu'est ce qui préoccupe ton chef ? depuis que nous avons appris la dernière, tu ne me dis plus un mot.

-     Je sens qu'il y a quelque chose qui cloche, répondit-il.

-     Ne me dis pas que…

- C'est pourtant ce qui est vrai… T'as pas remarqué qu'il n'était pas venu nous chercher dans le village où il est normalement supposé de nous retrouver.
- Si.
- Alors, pourquoi ne l'avait-il pas fait ?
- Je ne sais pas moi, peut-être parce que…
- Parce que tout simplement, il ne veut pas qu'on le sache.
- Savoir quoi ?
- Bientôt, tu le sauras. Conclut Karim.

Lorsque nous arrivâmes devant la porte de la maison d'Abderrahmane, je me mis à l'interpeller, cela prenait un peu de temps avant que sa voix très familière trembla de l'intérieur.
- Un moment s'il vous plait !

Karim me fixa des yeux comme s'il voulait me dire quelque chose à travers son regard interrogateur quand soudainement, notre ami le cordonnier nous ouvrit la porte en zinc, mine de rien.
- Oh pardon ! C'est vous, entrez je vous en prie ! Nous invita-t-il.

Nous le suivîmes jusqu'à la salle de séjour et nous nous y installâmes, faisant semblant de n'être au courant de rien. Nous attendîmes qu'il nous fit un rapport oral sur les étapes de son voyage avec les françaises, cependant Abderrahmane paraissait un peu désarçonné à nous voir accoster chez lui, il baragouina :

-       Je vais vous chercher du thé.

Notre amphitryon s'éclipsa un moment avant de revenir avec la boisson. Pendant ce temps-là, le regard de Karim était plein de messages. Il nous servit la moitié d'un verre chacun. Toujours dans le même mutisme qui régnait, je sirotai mon verre puis j'engageai la conversation.

-       Quand est-ce qu'es-tu rentré ? Nous avons passé toute la journée à t'attendre devant ton atelier.

Il sourît et proféra enfin :

-       En réalité, on n'a pas pu continuer notre voyage jusqu'à Asni.

-       Quoi ! Et Mathilde ? Et Isabelle ? Que deviennent-elles ? L'interrogeai-je avec un ton scrupuleux.

Abderrahmane sentit les choses prises au sérieux, il marmonna tout de suite :

-       Elles sont maintenant au hammam, ma sœur les y a accompagnées pour leur faire un petit massage. Mais ne vous inquiétez pas, elles se portent bien.

Je regardai la réaction de mon ami Karim qui semblait être embrouillé à l'écoute de cette histoire et je continuai sèchement.

-       Je n'arrive pas à comprendre ce qui se passe. Les filles devaient déjà être à Marrakech alors qu'on est surpris d'apprendre qu'elles sont rentrées en votre compagnie, il y a surement quelque chose qui ne tourne pas rond dans cette maudite histoire.

-       N'essayez pas s'il vous plait de mal interpréter les choses. Ce qui est dans cette affaire est très simple. Le jour de notre départ, nous avons fait la première étape du voyage. On est arrivé au gite d'Amezzi au crépuscule, alors on était obligé d'y passer la nuit. Tu pourras t'en expliquer auprès du propriétaire puisque tu le connais déjà, m'adressa-t-il cette phrase puis il enchaîna tout confiant de ce qu'il relatait, le jour suivant, nous atteignîmes le Ouakrim ; tous les passages étaient

156

obstrués par la neige épaisse. Nous avons estimé les grands risques de se faire happé dans un gouffre en marchant sur de mauvais endroits que la nappe de poudre blanche dissimulait, alors nous avons fait demi-tour pour retourner là, d'où on était parti.

- Il fallait me rejoindre d'abord là, où je t'attendais pour m'informer des faits au lieu de rester chez toi et nous faire des soucis toute la journée à espérer ton retour.
- Nous sommes passés chez toi. on a frappé à la porte, il n'y avait personne. Je disais à Mathilde et Isabelle que tu devrais nous rejoindre ici plus tard dans la journée et c'est bien ce que tu as fait...voyons enfin... je n'ai pas eu le temps pour venir te chercher au café parce que on était si éreinté d'avoir fait toute cette distance à pied.
- C'est bien donc toute l'histoire ? tu n'as rien tu, rien ajouté ?
- Qu'est-ce que vous voulez que je vous dise ?
- Rien !
Je me tournai vers Karim et je lui dis avec dérision.
- Tu ne te sens pas trop fatigué ?

- Tellement. Rétorqua-t-il.
- Ça te dirait d'aller au bain ? je crois que ça nous ferait du bien à nous aussi.
- Je trouve que c'est une bonne idée, jugea Abderrahmane. Je prépare votre sac.

Ma suggestion d'aller au bain rassura notre ami de sorte que le jugement qui la suivit nous fit comprendre qu'il voulut tout de suite se débarrasser de nos frimousses quoique provisoirement soit-il. Le bain dans le village d'Abderrahmane est différent de ce qu'il est ailleurs, c'est un petit coin chaud mitoyen à la mosquée où chaque musulman a le droit d'accès sans payer un rond. Le but de son aménagement à cet endroit précis n'est pas lucratif plutôt que d'encourager les hommes à se purifier de leurs impuretés. Chaque ménage avait le tour de remplir ses chaudières et de préparer le feu de sa fournaise.

Nous y allâmes, nous aussi pour nous laver non seulement de la crasse qui griffonnait nos peaux mais aussi de nos salles idées à l'encontre de l'accompagnateur de montagne.

En revenant du bain, Mathilde et Isabelle nous étaient à la réception. Elles exprimaient leur émerveillement à nous dévisager bien guindés. Isabelle me baisa dans les joues avec ses frétillantes lèvres.

-       Je suis très contente de vous revoir encore une fois, dit-elle.

-       Moi aussi, je n'arrive pas à croire mes yeux. Mais comment est-ce possible ?

Elle me prit par la main et me conduit à prendre place à son côté, tout de suite elle me parlait avec beaucoup d'enthousiasme de leur randonnée, puis des moments que nous avions vécus pendant trois jours, de cette rencontre brève et riche où elle avait appris pleines de choses. Elle avait appris que nous ne partagions jamais assez, elle avait appris à se toucher car le contact entre personnes du même sexe était plus normal et plus privilégié chez nous qu'en France. Elle avait même senti par moment que nous avions plus d'attirance pour Mathilde qui, sans aucun doute, nous ressemblait physiquement et parce qu'elle était aussi belle dans son cœur. Or, elle espérait quand même que je sentisse la sensibilité de son cœur pendant cette nuit là, où émergeaient de nouvelles choses, des choses indescriptibles qui suscitèrent instantanément des sensations non maîtrisées que nous savions déjà la fin programmée

.

Nous dormions chez les gens, Isabelle aurait voulu que son corps se pelotonna contre le mien, il aurait voulu aussi me prendre la main et dormir ainsi, sans plus, juste pour exprimer la douceur d'être là près de moi. Cela nous était pourtant impossible du moment où Abderrahmane nous prépara nos lits dans la pièce limitrophe à celle des harems. Il se jeta à nos côtés avant de se disposer de nous un long moment, nous faisant croire qu'il allait jeter un coup d'œil sur les bêtes dans l'écurie.

Karim qui ne le croyait pas, suivait ses mouvements dans la pénombre qui régnait dans toute la maison. Il ne s'arrêtait pas cette nuit-là de sauter comme une puce, malgré l'obscurité, d'une pièce à l'autre avant de glisser finalement à pas feutrés dans la chambre où, Mathilde devait l'attendre. Nous auscultâmes la situation en tendant bien nos oreilles et nous discernâmes dans le bruit qui échappait de l'entrebâillement de la porte voisine, une espèce de râle libidineux d'une femelle en rut. C'était ignominieux de dénoncer en pleine nuit le geste déplacé du cordonnier, un geste plus bas, plus vil et plus abject qu'avec le déchirement que cela produisit sur moi, je me tus. En revanche, Karim me promit de dénigrer cette offense où le traitre infâme oublia toutes les valeurs d'une constance, d'une fidélité devant cette femme. Il disait que c'était elle qui porta sa main sur son sexe la première alors qu'ils étaient couchés à la belle étoile la seconde nuit de leur randonnée. Karim s'acharna sur lui par des invectives d'avoir mystifié l'amitié de quelqu'un qui lui avait fait toute sa confiance. La sauvagesse s'était abusée de sa docilité à exaucer son capricieux plaisir, mais qui pourrait garantir que la bête ne serait pas porteuse d'un virulent sexuellement transmissible ?

La nuit était si longue qu'elle ne l'était pas vraiment, je faisais semblant d'être profondément porté par l'assoupissement alors qu'en réalité, j'écoutai les propos indignant de mon ami Karim d'un côté et les aphorismes exprimant le regret d'Abderrahmane de l'autre. Il le suppliait de ne rien me colporter de cette scène mais il ignorait que j'étais au courant de tout et que je n'arrivai même pas à fermer un cil.

Le lendemain, Karim et moi, nous quittâmes la gentilhommière sans laisser la moindre trace, ni le moindre repère de notre destination. Nous sautâmes dans un pick-up qui nous prit sur son chemin vers un lieu où nous pourrions passer le reste de la journée, vers un lieu que nous n'avions même pas préalablement fixé. Pour nous, l'essentiel en cet instant-là était de nous éloigner que de céder au coup qui nous tuait.

Soudainement, notre grande attention à parcourir les paysages fut captée par l'allure extérieure et massive d'un édifice au front d'un sobre décor. Son minaret de section quadrangulaire, occupait une place assez inhabituelle, ses murailles surmontées de créneaux, et l'absence de décor de stuc lui conféraient une grande sévérité rappelant ainsi l'architecture militaire d'un donjon ou d'une forteresse alors qu'il n'était en réalité qu'une grande mosquée emblématique ayant été construite par les Almohade.

On y accédait par une entrée située au nord et par six portes latérales qui donnaient pour deux sur la cour, pour quatre sur la salle de prière. Celle-ci faisait suite à la cour, comme souvent dans les mosquées maghrébines. Elle était organisée selon un plan « en T » : neuf nefs perpendiculaires au mur de qibla viennent buter sur une large travée. Les nefs des côtés sont aussi plus larges et se prolongent en formant deux galeries latérales dans la cour. Le tout est matérialisé par des piliers de brique cantonnés de demi-colonnettes engagées. La forte influence de l'Orient musulman y était manifeste à travers ses portails en forte saillie et de la travée parallèle au mur de qibla avec ses trois coupoles, une devant le mihrâb, les deux autres à chaque extrémité. La mosquée témoigne de l'épopée d'une dynastie dont le fondateur prônait, par le biais de sa nouvelle doctrine religieuse, l'unicité de dieu avec une sévère réforme morale. La spontanéité de notre escale dans cet endroit si prodigieux fut telle que nous étions emportés à travers les annales d'une histoire dont le reflet nous remonta le moral après tout ce que s'était passé pendant la nuit chez Abderrahmane.

Deux semaines plus tard, alors que nous attendîmes notre taxi pour nous rendre à Marrakech, Abderrahmane m'apporta un petit mot qu'Isabelle m'avait légué avant de partir. Il m'écrivait ceci :

Cher Hamid,

Je regrette que tu sois parti si vite sans nous dire au revoir, Abderrahmane te racontera peut-être ma réaction. Il faudrait que tu puisses m'en parler. Mathilde et moi, on s'inquiète un peu.

Avons-nous fait quelque chose de mal ? Avons-nous laissé une mauvaise image ?

Tu sais, d'une part, tu ne risques rien à m'en parler et d'autre part, il vaut mieux dire les choses, cela renforce les amitiés de se dire des choses difficiles. Pendant ce voyage, Mathilde et moi, nous avons enrichi notre amitié lorsque nous n'étions pas d'accord ou lorsque nous ne vivions pas les mêmes choses de la même façon. Nous avons su exprimer nos pensées même les plus difficiles à dire. En les disant, nous nous sommes encore plus révélé l'une à l'autre. C'est ça l'important dans n'importe quel couple : savoir dire les choses agréables et désagréables.

Isabelle

En lisant ce mot, un étrange sentiment me saisit à l'entrée du même beau vieil hôtel où nous les avions rencontrées la première fois. Je regardai la porte treize et je m'étais dit : « oh ! Isabelle et Mathilde seraient encore là ? » Combien, j'espérais les revoir afin de leur dire ce qu'elles voulaient savoir en ce qui concerne les motifs de mon brusque départ ! Hélas, c'était trop tard ! Les filles devaient rentrées chez elles après avoir achevé leur court séjour au Maroc. Alors je n'avais qu'une seule solution : leur écrire une lettre d'excuse aurait prendre un peu plus de temps alors qu'un coup de téléphone ferait mieux l'affaire.

Le soir, j'acquis une carte de télécommunications internationales, je l'introduisis dans la fente d'un distributeur téléphonique et je composais le 00.335.56.91.76.65. J'attendais quelques secondes, le combiné entre la tête et l'épaule contre laquelle elle était appuyée tandis que ma main remplissait une autre fonction. Tout à coup, une voix trop fine me dit :

- Allo, bonjour !

Mon cœur battait très fort et de répondre, je dis :

- Excusez-moi je suis bien au 35.56.91.76.65.

- Oui, qui est à l'appareil ?

- C'est moi, Hamid du Maroc.

- Oh ! Quelle surprise, enfin te voilà ! Comment ça va Hamid ?

- Très bien et toi ?

-      Moi aussi merci ! ça me fait vraiment très plaisir que tu me contactes à nouveau après ton départ ce jour-là.

-      Oui, c'est justement pour cela que je t'appelle, j'ai reçu ton petit mot ce matin et je me suis dit, il faut qu'on en parle. Tu sais, au téléphone ça va me couter les yeux d'une tête mais bon ce n'est pas grave….

-      C'est vrai ! le téléphone, ça coûte cher au Maroc. Tu appelles d'où exactement ?

-      D'une cabine publique.

-      N'aurais-tu pas par hasard un numéro de téléphone où je peux t'appeler tout de suite ?

-      Je ne crois pas l'avoir sur moi, mais tu peux me demander à la réception de l'hôtel si tu veux. Le même où nous nous sommes rencontrés.

-      D'accord ! je crois que j'ai toujours leur numéro. Maintenant tu peux raccrocher, je te rappellerai dans quinze minutes.

-      C'est bon, à tout de suite.

Isabelle savait bien que j'avais assez payé par conséquent elle proposa que ce soit elle cette fois qui devait assumer le coût de notre conversation téléphonique surtout qu'elle était intrinsèquement intéressée par les raisons de mon départ.

Je m'impatientais l'équivalent de cinq minutes dans l'enceinte de l'hôtel. Brusquement, le central retentit et j'attendais que la standardiste me transfère la communication.

Ma très grande stupeur fut lorsque celle-ci déposa l'appareil sans regarder dans ma direction, il paraissait que cet appel ne me concernait pas du tout tandis que le suivant l'était absolument.

- Oui, j'écoute ! Dis-je.

- Heureuse de te reprendre au bout du fil ! Alors qu'est-ce que tu racontes ?

Il m'était impossible de changer le cours de la conversation au moment où mon interlocutrice voudrait une réponse sur les deux questions qu'elle m'avait adressées dans son petit mot, cela pourrait en quelque sorte atténuer leur peine d'être vues autrement que de simples touristes. Je lui parlais donc de l'indignation ressentie la veille de mon décampement matutinal suite à ce que Mathilde toléra en notre présence. Cela nous humiliait énormément, en plus nous étions frustrés de comprendre enfin l'intention vaniteuse qui l'avait conduite à franchir les limites de la pudeur, comme nous l'avait souligné Abderrahmane cette nuit-là en nous confessant ses actes.

\- Voilà, c'est tout ! Terminai-je.

\- Oui...je ne sais pas comment ça a pu vous affecter...après tout c'est sa vie à elle. Faut comprendre ! grommela Isabelle.

\- Oui, je vois. A part ça, comment c'était passé le retour à Bordeaux ? Lui demandai-je pour nous écarter un peu du sujet épineux.

\- On pourrait dire le retour sur terre. Il s'est bien passé la première semaine, j'étais comme sur un nuage car je n'arrêtais pas de parler de vous, de ces trois jours en montagne. Mais la dure réalité du travail m'a vite rattrapée, ce qui fait que cette semaine, je n'ai pas pu aller travailler : manque de magnésium, parait-il. J'ai alors pris la décision de changer d'emploi. Je me donne trois mois pour trouver autre chose.

\- Tu sais que ce ne sera pas facile.

\- Justement, le travail ne se trouve pas chez l'épicier du coin, le courage non plus !

- Je te souhaite bonne chance alors.

- Merci !

Une connaissance comme celle d'Isabelle me flattait d'orgueil. A aucun moment, je ne pensai rompre ma relation avec elle, nous prolongions donc notre amitié par des lettres et d'autres appels téléphoniques chaque fois que c'était possible. Nous évoquions les souvenirs de mes gestes furtifs et discrets, de son chapeau qui s'envolait en descendant à la rivière ; ma main l'avait retenu sur sa tête alors que la sienne eut effleuré mon bras sans le vouloir. Elle me parlait de son émerveillement quand elle avait visité la ville d'Essaouira. Une petite ville, un port de pêche charmant Elle me parlait des maisons blanches avec leurs volets bleus, des encadrements des portes et d'arches jaunes. L'intérieur de la plupart d'entre elles sont ouvertes au ciel et ont souvent deux étages et une terrasse, cela est banal pour nous mais pour elle en tant que touriste, cela avait un autre effet tout comme celui qu'elle ressentit en s'enfonçant dans les ruelles étroites et sombres pour aboutir aux remparts qui donnent sur une mer tout le temps agitée. Elle me parlait aussi des artisans qui travaillaient dans leurs ateliers, des boulangers qui préparaient le pain, des sourires des femmes drapées de blanc ou de bleu qu'elle cherchait en vain. Celui des autres qui la reconnaissaient après deux jours était resplendissant avec leurs yeux brillants qui se fermaient à moitié, bouches entrouvertes jusqu'aux oreilles. Des sollicitations des commerçants qui l'accostaient parce qu'elle était une européenne à qui on voulait vendre, voire plus... mais, il fallait refuser d'acheter et même après, les vantardises et les mensonges pour se valoriser auprès des étrangères, peut-être, étaient parfois présents qu'il n'était pas aisé de discerner le vrai du faux. Tout cela était agréable !

Cependant, le désagréable commençait du moment où je lui avouai mes sentiments pour elle. Elle m'écoutait attentivement puis elle répliqua que c'était impossible qu'on soit tous les deux réunis pour la vie. J'insistais à m'accrocher à elle jusqu'au jour où il me dit :

-       Ne rêvons pas Hamid, c'est la voix de la sagesse qui te parle. Tu es au Maroc, moi en France, je te connais mieux que tu me connais alors n'insiste pas s'il te plait.

Je ressentis qu'Isabelle me cachait quelques choses de sa vie privée et petit à petit notre amitié se dégénérait comme une cellule qui perd l'essence de sa vitalité. A maintes reprises, j'essayai de la rejoindre au bout du fil dans l'espoir d'entendre le timbre de sa voix juvénile ! Malheureusement, c'était à chaque fois le répondeur qui se déclenchait automatiquement et je lui laissais mon message qu'elle écoutait certainement mais auquel elle ne voulait guère répondre jusqu'au jour où j'avais tout compris ; je lui écrivis et elle me répondit :

Cher Hamid,

Voilà enfin de mes nouvelles, j'ai voulu laisser passer du temps après tes lettres et tes appels téléphoniques qui me parlaient de tes sentiments pour moi. Je regrette de vous dire que je n'étais pas sur la même longueur d'ondes que toi.

C'est avec beaucoup de joie que j'ai lu ta dernière lettre. Je vois que tu as bien compris le message alors je m'empresse de te répondre en t'envoyant les fameuses photos. Cette année je suis allée avec des amis au nord de l'Espagne, côté méditerranée, j'ai beaucoup nagé ce dont je raffole.

Lors de ce voyage j'ai rencontré quelqu'un avec qui je vis des moments agréables, encore aujourd'hui.

Je te souhaite pleines de bonnes choses et j'espère que tu as toujours ton joli sourire. Garde le toute ta vie.

Isabelle

XIII

Toutes ces années dans les montagnes, je les ai vécues comme dans un rêve plein de rebondissements. Tantôt j'étais moi-même, tantôt j'étais l'autre. A qui devrai-je m'en prendre ? À Isabelle, à Mathilde, à Sabine, à Amy, À toutes et à tous les autres ou bien à la vie qui m'a fait plein d'illusions et plein d'espoirs ? Mais quels espoirs ? Celui du désir et de l'attente.. Quoique... « attendre » en espagnol se dit esperar ce qui veut dire souhaiter dans sa tête. Donc imaginer. Et l'imagination peut être au choix une illusion, un rêve, une utopie ou un projet. Il est forcément positif pour soi, peut-être, mais pas positif en soi. Alors que celui du fatalisme et de la résignation n'en est qu'un alibi, je l'utilisai comme un remède aux maux que m'avait provoqués l'angoisse d'avoir perdu Isabelle et toutes celles qui me faisaient respirer. Elles ne me le donnaient pas, mais elles y répondent comme un écho ou bien comme un besoin à chaque fois qu'avec le temps cela devient une essence ou plutôt une foi. Il nous faisait vivre, moi et mon utopie, les deux à la fois, dans le même corps mais pas forcément avec le même esprit. Je me suis servi de ses vertus et il m'a donné des ailes que personne ne pourrait couper.

Quelques années après ma mutation tout près de chez moi, Isabelle et les autres ne feraient que de bons souvenirs qui me baguenaudaient l'esprit. Elles y étaient en réalité toutes inertes aussi qu'indifférentes qu'elles ne répondaient pas à ses attentes. Et si parfois je m'étouffais de l'insuffisance que cela produisit en moi, je m'en volais à la recherche des bonnes doses qui pourraient le maintenir en vie. Un banal soir de janvier, alors que je prenais les injections de mon remède dans un cybercafé, en visitant les pages d'annonce de Meetic, premier site de rencontres virtuelles en France auquel je n'étais pas abonné, mais que j'utilisais machiavéliquement, je fis la connaissance d'une donzelle. Elle s'appelle Christelle, sa peau blanche comme le lis, ses mèches de cheveux blonds qui par-dessus deux cieux s'escarmouchent et le teint vermeil de sa bouche révélaient bien le charme d'une jeune bretonne qui ne frôlait pas encore sa trentaine.

Après le rituel qui marque souvent le premier contact, nous prolongions notre rencontre sur MSN à raison de deux fois par

174

semaine. C'était étrange de voir évoluer les choses, entre nous, à la vitesse de l'éclaire.

D'un coup, Christelle m'était une abstraction inouïe, un rêve lointain à la fois une inspiration ou une profonde réflexion aussi une méditation sur le destin qui nous eut réunis. Il paraissait que la rose avait une fraîche blessure de se sentir plus seule suite à son échec d'une vie en couple. Elle guettait sans conviction le prince qui viendrait la délivrer de son chagrin lorsque ce destin-là veuille que ce soit moi qui vins donner à ses jours si vides une suave douceur et à sa vie une saveur. Christelle avait eue une fille avec son ex-mari quand elle me demanda si j'en avais moi aussi, je lui dis que je n'avais pas encore eu ce bonheur. Vous pouvez me qualifier de gros menteur, or vous auriez oublié peut être que ce n'était pas moi qui proférait cette phrase-là, c'était plutôt l'esprit envahisseur qui s'incarnait sous mes traits pour ainsi faire de mon utopie un heureux projet. C'était plus fort que moi que je ne me distinguai guère de lui du fait que je menais à la fois une double vie. La première vie me contrariait tellement tandis que, dans la seconde, je me sentais plus en mon assiette. À chaque fois qu'avec Christelle je me connecte, je formulais alors des vœux auprès du bon Dieu qu'au

175

bout d'un laps de temps, tout s'arrête, la terre, la lune, les astres, le temps et son écoulement. Hélas ! Mon souhait ne put être exaucé quand on s'apercevait que des heures entières s'étaient écoulées pour nous priver provisoirement l'une de l'autre, la maîtresse de l'apôtre. Quoiqu'il soit, nous partions les cœurs aux-anges et les âmes réjouies de ce qui faisait que Christelle soit à moi et moi à elle. Nous commencions à construire le chemin qui mène à nous deux. Celui qui procure à la peur une suave douceur pour que jamais plus, il n'ait d'angoisse dans la relation d'amour qui venait de voir le jour.

Tout a commencé ce vendredi où je lui dis :

- Que de rudes ardeurs dans mon cœur mettent la flamme

    Depuis le jour où je subisse la conquête de cette femme.

    Quant au début, je n'ai pas trouvé si vite le docteur

    A mon mal à part cette généreuse dame que j'adore

    Dieu par son charme divin chastement la décore

    Et sur mon chemin, l'avait mise le destin salvateur.

Christelle qui était fondue de plaisir, me répondit en utilisant l'art d'exprimer ses sentiments, elle me dit :

-        Maintenant que nos chemins se sont croisés

Nos cœurs se sont aussi accrochés.

Ton sourire est devenu mon soleil

Ta tendresse une grande merveille.

Je t'offre dans mes mains

Mille baisers câlins

Pour que jamais, de l'amour tu ne seras privée.

- Voici donc les mots que jamais je ne saurai dire

Qu'à celle qui a su appâter mon désir,

Et ta beauté fait souler mon plaisir :

Le jour où ta lance, mon cœur a transpercé

Sans qu'aucune goutte de sang n'y soit versée.

Tu es celle qui cause, et ma guerre, et ma paix

Pour t'aimer trop également j'endure.

Tantôt un plaisir, tantôt une peine dure

Qui d'ordre égal viennent mon cœur saisir

Et d'un tel miel mon absynthe est si pleine

Qu'autant me plait le plaisir que la peine

La peine autant comme fait le plaisir.

- J'aime la lumière qui, de tes yeux jaillit

Et la force de ta voix qui sort de ta bouche sensuelle

Que je fonde de plaisir à l'heure actuelle

Je n'ose te répondre, le cœur m'a failli.

Ton regard de tendresse me remplit

Le soleil dans mes froides nuits éclaire,

Le chemin à mon cœur je surmonte le calvaire

Hamid mon cœur de tes grâces est épris.

Ainsi, les deux fois par semaine ne nous suffisaient pas pour étancher l'ardente soif qui nous tenaillait, chacun avait besoin de l'autre et nous séparer nous était en quelque sorte insupportable. Malgré l'attachement qui nous unissait, il nous arrivait de temps en temps de manquer certains rendez-vous à cause des empêchements que nous imposait la vie. Christelle aurait prévu sa journée, elle espérait que je n'aurais pas été trop déçu et peiner de son absence que si après elle s'en excusait. Parfois, elle m'envoya un e-mail dans ma boîte pour m'informer des petits changements dans son programme, elle m'écrivit :

Coucou, c'est moi,

C'est juste pour te dire que je ne serai pas à l'heure. Rendez-vous donc vendredi à 21:30, j'espère que tu m'attendras et que tu auras de la patience. Je ne voudrais pas te rater sous aucun prétexte.

Gros bisous enflammés.

Quand c'était moi qui ne pouvais pas se présenter à l'entrevue une fois dans la semaine, elle ne pouvait plus supporter mon absence lorsqu'au cours d'une rencontre Christelle me dit :

- Ça va mon bébé ?

- Oui ça va merci et toi ?

- Je suis dingue de toi, tu me manques déjà, c'est bête que tu ne sois pas là dans la semaine et qu'on soit obligé d'attendre le vendredi pour se voir et parler. Comment ça se fait que tu ne peux plus me parler le mercredi ? J'aimerais bien savoir car je trouve long d'attendre une semaine.

- C'est pareil, chère cricri mais tu sais qu'il n'y a pas que ça dans la vie. La nature de mon travail fait que je dois bosser jour et nuit et dans la classe et chez moi aussi. ce qui m'a empêché ce mercredi de venir ici. Oh ! Si je pouvais satisfaire ton besoin ! toi qui m'es trop loin !

\-   J'ai besoin de te voir venir à moi, de t'avoir près de moi, de te sentir tout contre moi même si les kilomètres nous séparent. Toi qui symbolise le grand bonheur, un don de notre amour pour t'offrir une nouvelle vie et mon rêve le plus cher, en disant vie, je voudrais bien qu'on se rencontre et qu'on se dise ce qu'on a sur le cœur face à face mais pas avec un écran interposé car tu es mon souffle de vie, le soleil qui éclaire mes nuits et sans tout ça, je n'existe pas. C'est fou ce qui m'arrive alors que mon cœur n'en avait plus foi. Tu m'as démontré ce qui était enfoui en moi. Le soleil se couche, laissant place aux étoiles et à la lune. Ton visage apparait au milieu de tous ces astres, tu me souris de toute ta beauté comme à cet instant-ci. Je ferme les yeux sur cette image qui me fait rêver. Dans mon sommeil, tu es là, près de moi, tu me donnes la main, tu me raconte ta vie et je t'écoute.

On s'assied sur un banc quand tu me prends dans tes bras, le noir devient rose, les fleurs fanées renaissent et le temps s'est arrêté et tu me murmures. A une prochaine fois.

- Oh ! Que le solfège de tes mots magiques me chatouille le cœur et en a augmenté la pulsation !

- Je t'exprime justement ce que j'ai sur le cœur sans exagération.

- Comment est-ce possible qu'on peu de temps l'amour nous affecte complètement ?

- C'est le pouvoir de l'amour bébé, ce que je te dis, je le sens vraiment.

- Je n'en ai pas le moindre doute. Je suis certain que tu n'as pas un cœur d'artichaut et que tous tes propos ont été sincères. Ceci se lit dans tes yeux où je me suis plongé pour une profonde apnée, j'ai exploré tes secrets et tes trésors et je te trouve parfaite.

- Merci pour les compliments !

- Je vous en prie, bourreau de mon esprit…

A chaque nouvelle rencontre, on était intensément passionné de parler de tout et de rien et surtout de nos sentiments les plus langoureux et dont le saisissement fiévreux ne pourrait être calmé que si l'un de nos deux migre vers l'autre. Christelle n'aurait pas pu le faire à cause d'Océane, sa fille de cinq ans qu'elle ne pouvait pas laisser avec son ex-mari.

181

Quand celui-là venait pour la prendre chez lui vers la fin de la semaine, elle s'inquiétait tellement jusqu'à ce que sa fille soit de retour. L'affaire de la garde de la fille était portée en cour, Christelle ne pourrait pas voyager dans ces circonstances, par conséquent elle me fit la proposition que ce soit moi qui partirait vers elle. C'était une chose que je ne pourrai lui refuser. Aussitôt je commençai les procédures de mon passeport et j'attendais qu'elle m'envoie une attestation d'hébergement pour servir à mon dossier de visa lors de sa déposition au consulat. C'était plutôt l'option que je dus préférer parce qu'il y avait quelque chose dans ma vie privée, l'autre vie que Christelle ignorait complètement et que mon utopie s'y interposait pour que la bretonne n'en sache rien. Pourtant, elle soupçonna une part de la vérité lorsqu'elle me demanda de lui envoyer une photo de moi avec une lettre et non pas par e-mail car en moins elle pourrait garder mes écrits avec la photo sur elle et me relire quand elle le voudrait. Je fis comme elle me l'avait consigné.

La semaine suivante, je me connectai sur MSN, Christelle n'était pas encore là. Je jetai un coup d'œil dans ma boîte de réception je trouvai deux courriels, mais pas du même jour. Le premier dit :

Salut Hamid,

C'est encore moi, c'est juste pour te dire que j'ai bien reçu ta lettre, je l'attendais avec impatience et qu'elle fut ma surprise quand je l'ai ouverte, de voir ta photo. Tu es magnifique, beau, franchement je ne suis pas déçue, tu es vraiment bien foutu, parfait.

Je vais la garder avec moi comme ça j'aurai l'impression de t'avoir près de moi tout le temps, tu me manque terriblement, tu ne peux même pas imaginer à quel point je pense à toi, je rêve de toi, tu es ma moitié j'ai tant besoin de toi.

Cricri qui t'aime.

Alors que le second est tout différent :

Bonjour,

Désolée, mais je ne serai pas là ce soir, je suis invitée chez une amie à manger. Désolée de te faire déplacer pour rien or je t'écris car il y a un autre problème, ma copine s'est aperçue, en lui montrant ta photo, que tu portais à l'annulaire une bague qui

183

correspond au doigt des mariés, me suis-je trompé à ce point sur ton compte ? Je veux savoir la vérité sur toi, je ne veux pas être déçue comme auparavant. Je n'ai pas besoin de ça.

Je tiens à toi Hamid et ne veux pas te perdre mais si tu es marié, alors on laisse tomber. Désolée de te dire ceci mais je ne partage pas. J'ai perdu la joie que j'avais tout à l'heure et je me pose plein de questions maintenant. J'aimerais que tu sois là demain après-midi pour que l'on puisse s'expliquer.

S'il te plait ne me déçois pas Hamid. Tu peux me répondre par e-mail si tu veux

Cricri

J'estimais qu'un e-mail ne pourrait pas satisfaire pour redonner confiance à Christelle à propos du sujet infâme sur lequel sa copine versa de l'huile et en attisa la flamme. C'était alors que le lendemain après-midi que je plaidais ma cause devant celle qui dans les filets de ses yeux j'avais été pris. Christelle ne savait pas du tout que je menais une double vie, pourtant c'était la vérité que je lui insinuai lorsque je lui dis :

- Mes plaisirs se mêlent à mes soupirs

Et les douleurs de ton absence

Me livrent à mes souffrances

Comment vivre ? L'esclave ou le martyre ?

Le premier je le suis déjà ;

Esclave de ton visage et de ton sourire

Quand je te vois

Je succombe de plaisir.

Et le martyre ?

J'essaie de m'en sortir

C'est étrange ce qui m'arrive !

Jamais le printemps n'a connu la tempête !

Le vent souffle est me bascule

Lorsque j'ai appris la mauvaise nouvelle

Via ton dernier mail chère Christelle

Il parait que cela te prend vraiment la tête

Je ne veux pas que mon amour s'inquiète

D'un sujet qui, du coup, l'embête

Sans en avoir mené son enquête

Sur ce qui a suscité le bavardage

A partir d'une photo de plage.

Certainement,

L'été est le temps des folies.

On cherche bien à y paraître plus joli

Les parures et les accessoires

A notre beauté prennent part

Marié je ne le suis pas, il faut me croire.

\-   Je ne sais pas vraiment où j'en suis, répondit-elle, je veux te croire au niveau de ce que tu as dit sur la bague. Mets-toi à ma place c'est normal que je pense à cela et m'en angoisse. Toutes les femmes penseraient la même chose surtout que tu la portes de la main gauche. Je n'ai pas arrêté d'y penser toute la nuit et j'en ai même pleuré car je tiens tellement à toi que si je te perdrais, je ne sais pas ce que je deviendrais sans toi. Tu m'apportes tout l'amour dont j'ai besoin, tu es si tendre avec moi et je ne veux pas que tu penses du mal de moi.

Tu me dis tellement de jolies choses que je ne peux pas me tromper sur toi et tu m'as promis que tu feras tout pour venir en France me voir et ça, c'est déjà une grosse preuve d'amour. Je ne veux pas que tu me laisses tomber car tout s'effondrait autour de moi. Je te fais confiance et j'espère que tu m'as dit la vérité.

-   La sincérité de mes paroles est mon humble devise, fais-moi confiance, il n'y a aucune autre femme qu'avec toi, rivalise.

-   Tu as toute ma confiance depuis que tu as éclairé mes nuits. Tu es le soleil de ma vie et c'est à toi que je le dois. Tu as fait de ma vie un rêve merveilleux que je vis dès que je te vois. Avant toi, je n'ai connu que les larmes et les détresses. Mais jour après jour, tout doucement tu as transpercé mon cœur, pansé les plaies du passé et montré le chemin du bonheur au cœur de l'hiver. Certainement, tu as fait de ma vie un oasis en plein désert, fait jaillir la couleur du futur, mis une telle lueur dans mon regard et un tel feu dans notre histoire que j'ai encore du mal à y croire. Je n'aime que toi mon ange bleu d'un amour si grand et si envoûtant que même « je t'aime » parait bien plat. Je t'aime à la folie comme, je n'ai jamais aimé personne, je t'aime pour la vie. Je suis dingue de toi, tu es mon plus bel amour que je ne peux plus me passer de toi.

-   En écoutant ce que tu dis en ce moment, tu me mets vraiment dans le doute surtout, lorsqu'après que tu m'as demandé qu'on laisse tomber cette histoire, tu as rajouté que les marocains ont une mauvaise réputation et les autres choses.

- Je m'en excuse de tout cœur et j'espère que tu me le pardonneras. Mais tout ce que je te dis à propos de mon amour pour toi je le sens vraiment et ce n'est pas des mots en l'air. La première fois que je t'ai vu, j'avais l'impression de t'avoir toujours connu, je pense que lors de cette première fois, j'étais déjà inconsciemment amoureuse de toi.

- Depuis ce fameux jour-là, cette maladie d'amour m'a infecté le cœur et s'y est installé, il t'a laissé toute la place pour que ton amour y fasse son palace. Je ne cesse de t'aimer depuis tout ce temps et de penser à toi chaque jour, à tous moment...je dois partir maintenant mon doux rêve même si de toi je ne veux pas me défaire.

- Reste un peu mon cher, juste un quart d'heure pour te dire que j'étais allée voir avec la mairie à propos des documents à fournir dans les jours à venir pour ton hébergement. On a besoin d'une photocopie du passeport et de deux photos.

- Ok ! je te les enverrai bientôt. C'est tout !

- oui, bon alors à bientôt mon amour.

- à bientôt et gros bisous.

Au moment où Christelle m'invoqua son passage à la mairie, je crus qu'elle me parlera de notre mariage auquel je lui fis déjà la proposition et qu'elle accepta sitôt sans contestation. Elle en parla à toute sa famille et à ses amies. Tout le monde en était d'accord sauf sa mamie. Quand je lui demandai pourquoi. Elle me dit qu'elle était raciste à cause de ses idées chauvines à mon égard qui la contrariaient chaque fois qu'elle lui rendit visite.

Le lendemain de notre rencontre, je fis le retrait de mon passeport à la préfecture, je lui en envoyai une copie avec deux photos par Chronopost. Ensuite, j'entamai les autres procédures pour la constitution de mon dossier de demande de visa. Le certificat du travail, l'attestation du congé et l'autorisation pour quitter le territoire, tous ces documents m'étaient facilement accessibles tandis que pour ma situation de salaire, il fallait opérer certains règlements de compte afin que le dernier net mensuel qui y figure aussi que sur mes trois derniers relevés bancaire y soit sans retenue. Alors, je me mobilisai pour liquider en espèce mes crédits antérieurs. Je devais avoir la main levée dans l'infime délai, par conséquent je me déplaçai jusqu'aux sièges des agences des microcrédits sis à Casablanca afin de gagner du temps ; et j'en profitai aussi pour acquérir un flacon de parfum pour femme dans les meilleures boutiques de la capitale économique.

Je me rappelle bien qu'un jour en parlant de certains détails de nos vies privées, Christelle m'évoqua le nom de ses parfums préférés, parmi ceux-ci, elle cita entre autre, ANGEL de Thierry Mugler, le même dont je fis emplette pour le lui expédier en témoignage de mon amour pour elle. Je voulais lui en faire une surprise. Elle attendait impatiemment le colis toute une semaine sans qu'elle ait une idée précise sur son contenu. Mais n'ayant rien reçu, elle m'envoyait un texto pour m'en informer. Il serait possible que la nature de l'expédition soit à l'origine du retard à sa livraison. Lorsque, à la première fois, je voulais l'affranchir à la poste, on me demanda que cela doive être d'abord visé par les services de la douane. En réalité je n'avais aucune idée sur ces démarches-là. Pourtant tout était bien passé quand finalement un e-mail qui m'était adressé vers la fin de la semaine suivante me renseigna de son arrivée.

Salut mon amour,

Je suis désolée mais je ne pourrais pas être là ce soir, j'ai un contre temps de dernière minute et je suis obligée de partir à vingt heures. Si tu veux, tu peux venir demain soir, je serai connectée.

Je sais que tu as du mal à venir le samedi soir à cause de tes leçons privées mais si tu veux vraiment me voir il n'y a que cette possibilité, sinon on se verra dimanche. Je suis désolée de ne pas pouvoir t'envoyer de SMS mais je n'ai plus de forfait sur mon compte, donc je suis obligée de t'envoyer un email. J'espère que tu ne seras pas trop triste de ne pas me voir ce soir. Au fait, j'ai reçu ton courrier, on m'a téléphoné pour me dire qu'on l'avait mis dans ma boite aux lettres mais je ne l'ai pas encore ouvert, je ne le pourrais que dimanche soir car je ne rentre pas chez moi avant. Je te fais d'énormes bisous et je t'aime très fort, un petit email de ta part me fera le plus grand plaisir.

Signé ton ange bleu.

Après avoir lu ce courrier électronique, je lui rédigeai le suivant :

Bonjour Christelle ;

Jamais les mots ne traduiront l'étrange sentiment qui traverse le cœur de ton prince charmant qui te lit en ce moment et ce comme l'éclair qui déchire les cieux pour emplir la terre entière de vie et de lumières.

En toute évidence, je ne tolérerai pas ton absence jusqu'au prochain dimanche quoique soient mes circonstances. De toi, je ne pourrai, me tenir à distance à vivre le silence en attendant ce dimanche. Samedi soir, J'aurai le plus grand honneur de te reprendre avant que mon cœur ne soit cendre.

Ton prince charmant.

Christelle et moi avions prévu que mon départ en France soit au début du mois de juillet. Il ne me restait pas assez de temps que finalement, je reçus l'attestation d'accueil qu'elle m'avait expédiée. Christelle n'avait pas les moyens de me l'envoyer par Chronopost comme j'avais fait en lui transmettant les miens, mais ayant des problèmes d'argent en ce moment-là, elle ne pouvait pas faire autrement. Son ex-époux lui devait pratiquement trois cents euros, il n'arrêtait pas de lui faire attendre et cela commençait vraiment à lui prendre la tête. Elle était contrariée par ces histoires d'argent ainsi que par ses relations stressantes avec lui de sorte qu'elle ne pouvait pas être toujours présente sur l'ordinateur au moment où j'y étais.

Depuis que j'eu commencé les démarches pour mon visa, Christelle eut un peu peur de mon arrivée là, près d'elle, après six mois de discussion sur MSN. Elle ne savait pas trop pourquoi elle eut soudainement cet étrange sentiment.

Peut-être qu'elle avait peur de notre rencontre pour la première fois, de se parler, de se toucher, de la serrer entre mes bras et de s'embrasser. Elle avait, peut-être, peur aussi de ne pas être à la hauteur, de ne pas être assez bien pour moi et que cela puisse à tout moment me décevoir. C'était certainement compréhensible de ma part car je ressentais la même chose, moi aussi.

En revanche, elle avait réellement envie que je parte vers elle et que je sois près d'elle, surtout en ce moment-là, où elle aurait besoin de ma présence à ses côtés pour l'épauler et la soutenir jusqu'à la fin de sa vie.

XIV

Maintenant que mes papiers pour le visa étaient déjà prêts, je me rendis, un matin de juillet, au consulat de France à Rabat. Il était encore nuit quant au vestibule du chemin de fer de la capitale j'étais arrivé. Une dizaine de petits taxis en service attendaient dehors leurs clientèles, ils embarquaient, parmi les passagers qui descendirent du train, ceux qui avaient l'air d'être plus pressés alors que les autres se dispersaient dans les artères de la métropole. Il n'était pas question que j'en prenne un, étant donné que le consulat où je me dirigeais se trouvait aux alentours. Je m'y orientai en foulant le pavé d'un boulevard dont les feux orange clignotaient toujours alors que les premières lueurs du jour commençaient à peine à inonder tous les coins de la ville même les plus sombres où nichait une variété de pigeon qui saluèrent le nouveau jour par une espèce de ritournelle composée de leur roucoulement.

Les aiguilles de ma montre indiquaient alors cinq heures du matin quand j'arrivai au siège du consulat français. Nous étions au début une dizaine de personnes à faire la queue à cette heure matutinale. Certains parmi nous avaient même passé la nuit-là, alités sur des bouts de carton. La pâleur de leur frimousse d'avoir mal dormi leur trahit pour nous les indiquer. Une fois que la queue commençait à grossir, ces derniers se retirèrent pour céder leurs places à d'autres venus à la dernière minute.

Tout à coup, une altercation se déclencha entre deux badauds aux visages pâles, l'un d'eux était en état d'ébriété, il accusait son ami de lui avoir berné en cédant une des places qu'il réservait depuis la veille dans les premiers rangs à un éventuel prétendant, à un petit malin de ceux qui détestent toujours de s'aligner en file indienne. Leur chamaille aurait fini par un accrochage physique si des volontaires ne s'étaient pas interposés pour les rendre au calme.

je n'arrivai pas à comprendre ce qui se passait avec ces parasites que si après j'en déduisis qu'ils étaient une espèce d'entremetteurs ou plutôt de placeurs qui sollicitent les petits malins en leur rendant leur abominable service contre l'argent. Ils remplissaient aussi la fonction d'écrivains publics pour aider certains ignorants à remplir le formulaire de leur demande de visa.

195

Nous étions plus d'une cinquante de quémandeurs à attendre l'heure de l'ouverture ; là, devant le siège du consulat de France bien serrés dans un couloir délimité par une barrière en fer plantée dans le goudron. Cela faisait plus de deux bonnes heures que nous nous tenions dans cette position d'entassement de la chair humaine pendant que certains postulants nous faisaient oublier notre souffrance par l'évocation de leur propre expérience de voyage en France ou dans un autre pays de l'Europe.

Quand sept heures tintinnabula, deux agents de la sécurité du consulat apparurent au guichet et faisaient entrer les longanimes en nous demandant de leur montrer nos passeports et une réservation d'hôtel sinon une attestation d'accueil.

En franchissant le seuil de ce territoire français, je me sentis beaucoup plus léger à l'intérieur du bâtiment où régnait une espèce d'ordre et d'organisation à frapper l'attention de ce qui existait à un pas à l'extérieur. Nous pénétrâmes dans une grande salle d'attente où chacun passait en revue les documents de son dossier, après quoi on était appelé à payer les droits d'un visa dont la recette paraissait vraiment à être colossale à l'issue de chaque journée vu le nombre des prétendants. Quoique tout le monde paye le même droit au visa, une minorité seulement l'obtiendrait alors que les déçus n'auraient aucune garantie sur les dommages qu'ils auraient subis déloyalement.

Après cette opération, je regagnai ma place et j'attendais jusqu'à ce que mon numéro d'ordre s'affiche sur un afficheur électronique. Je devais me présenter aussitôt au guichet numéro quatre. Là, une jeune fonctionnaire m'attendit, assise sur une chaise à roulette derrière une vitrine. Elle me paraissait préoccupée à finir un travail. Lorsque je lui dis bonjour elle ne me répondit guère. Sa figure dépourvue de toute jolie expression ne me rassurait pas tellement, même pas un petit sourire ne sillonnait sa face.

Dès que je sentis qu'elle était bien à moi, je lui glissais mes documents un à un à travers la fonte de communication. Elle déprécia sèchement ma façon d'agir qu'elle demanda à un agent de la sécurité qui se tenait debout près de moi et qui dans le cas échéant servirait d'interprète. Elle lui dit :

-      Dites-lui de me donner son dossier complet. Je n'ai plus du temps à perdre.

A l'écoute de cette phrase, je me sentis très frustré. Frustré d'abord parce qu'elle ne le dit pas à moi gentiment, frustré aussi d'avoir le sentiment que les marocains n'étaient vraiment pas désiré d'aller dans leur pays. De toute façon, je fis comme elle me dicta et sans me poser la moindre question elle me remit un bout de papier sur lequel était écrit le jour et l'heure du retrait de mon passeport.

Le surlendemain, j'étais revenu pour le retrait de mon visa. Il y avait beaucoup de monde qui attendait dehors, toujours en file indienne, jusqu'à ce qu'un petit judas aménagé dans le mur du consulat soit ouvert pour servir à cette opération. Sur les figures des quémandeurs un peu morne mais certainement crispées se lisait une sorte d'appréhension, de peur et de crainte semblables à celles des candidats aux lauréats. L'ouverture du vasistas était pour nous tous, un moment décisif. Et là, un fonctionnaire de la légation française se chargea de nous rendre nos passeports sans pouvoir s'expliquer avec ceux qui étaient déçus puisqu'il y avait d'autres démarches à suivre si on désirerait manifester notre objection sur leur décision à nous laisser partir dans leur pays ou pas.

Cependant, la plupart des vaincus s'acharnait sur eux par des injures qu'ils ne comprennent certainement pas et ce à cause de leur impression d'être escroqué légalement alors que d'autres avalaient leur déception et repartaient chez eux avec, dans le cœur, une poche au fiel. Quant aux chanceux, ils manifestèrent sur le champ leur euphorie de triomphe à travers des réactions déplacées souvent générées par une perte de contrôle instantanée.

La queue progressait toujours quand finalement fut venu mon tour pour le retrait de mon passeport. On me le remit avec, à l'intérieur, un papier plié sur quatre que je n'osai pas ouvrir à l'instant même devant tous ces quinquets qui épiaient ma réaction. J'attendais alors jusqu'à ce que je fusse entièrement éclipsé de leur regard. Là, juste au détour de la rue ibn khattab, je commençai à tourner les folios de mon droit à la recherche de ma délivrance et de ma réhabilitation, enfin ; je voulais dire de mon visa. Mon cœur battait très fort de peur d'être vexé comme tous ceux qui, ce même jour-là, m'avaient précédé à goûter le sentiment de la déception et de l'indignation. Deux sentiments auxquels je ne pus échapper lorsque, sur les pages de mon passeport, je découvris qu'aucune autorisation de mon voyage vers Christelle ne fut attachée à part le cachet de la chancellerie consulaire datant le jour de mon passage par leur service des visas.

Je ne voulais pas informer Christelle à cet instant-là, par SMS, de mes dernières nouvelles. Je prenais un peu de temps puisque je crus qu'il me resta encore une petite chance pour bénéficier finalement d'un droit de voyage et ce après que j'eus déplié le papier qu'on m'avait remis avec mon document récupéré. C'était une liste des compléments de pièces dans laquelle on m'avait coché le manque d'« une attestation d'accueil » et avec un stylo à bille on m'avait précisé d'en apporter l'originaire. Cela commençait vraiment à asticoter mes méninges que je me disais : si on voulait me refuser mon visa pourquoi me demanderait-on ce complément de pièce dont ils gardent toujours une copie.

Le jour suivant, à l'ouverture des bureaux du consulat général, j'étais parmi les premiers à y accéder, on me demanda de me présenter au guichet numéro trois où une autre fonctionnaire s'occupa comme il fallait de moi. Lorsque je lui présentai mon passeport et la feuille dépliée qu'on m'avait conférée la veille dedans, elle me dit après un moment :

- Il vous manque une attestation d'accueil monsieur.

- Tenez la voici, mademoiselle.

- Pourquoi ne l'avez-vous pas présenté l'autre fois ?

- Mais si ! regardez, je vous prie, là, en bas de la page. Je crois que c'est votre estampille et il y a même la date de mon passage par vos bureaux. Lui répondis-je avec raillerie. Aussitôt, l'employée s'arracha de son siège et alla vers sa consœur, c'était la même qui me recevait la première fois. La vitre qui me séparait d'elles empêcha toute possibilité d'écouter leur conversation malgré mes efforts. De cette situation je ne discernai que les mouvements de leurs lèvres d'où se dégageaient instantanément des mots insonores, mais il me semblait déjà qu'elle lui reprochait de sa grave erreur. Quand elle revint à moi, elle découpa le papier en petit morceau et le jeta dans la poubelle puis elle reprit notre bref entretien :

- C'est qui Christelle ?

Je ne voyais pas pourquoi elle me posa ce genre de question banale puisque c'était signalé sur le document sous ses yeux. En tous cas, je lui répondis et elle me dit :

- C'est bon, vous reviendrez demain à 13h30…

Une semaine plus tard, alors que je n'arrivai pas à avaler l'amertume du refus de mon visa, je jetai un coup d'œil dans la boîte de réception de mes e-mails pour voir s'il y a des nouvelles de Christelle. Oh ! Oui, ce rêve qui, sans raison logique devint du jour au lendemain impossible, et à qui je n'eus pas adressé mes plaintes de blessé à l'exception de mon dernier SMS pour lui informer du refus.

Salut Hamid,

Je t'écris par courrier électronique car je n'ai plus de nouvelles de ta part. Depuis ton dernier SMS, tu ne donnes plus signe de vie. Pourquoi réagis-tu comme ça ? Peut-être le fait de savoir que tu ne me verras jamais. Enfin, je trouve cela un peu lâche de ta part.

J'ai l'impression que tu t'ai un peu servi de moi, peut être que je me fais des idées mais tu voulais venir en France et depuis qu'on t'a refusé ton visa, je n'ai plus un seul SMS de ta part, pourquoi me laisses tu en plan comme ça ?m'aimais-tu vraiment où c'était seulement pour venir en France ?je ne sais plus, mais saches que j'avais vraiment des sentiments pour toi et quand j'ai su que tu ne viendras pas, ça m'a fait très mal car j'attendais avec impatience ton arrivée. Maintenant, si tu ne veux plus de contact avec moi, dis le moi et je te laisserai tomber. En tous cas, je trouve dégueulasse que le consulat ne t'a pas laissé partir. Peut-être avait-on peur que tu ne reviennes pas. Finalement je voudrais bien que tu saches que tout ce que je t'ai déjà dit sur l'ordinateur je le pensais vraiment et que je ne t'ai jamais menti sur quoi que ce soit. Je t'ai aimé et j'aurai toujours une pensée pour toi. Peux-tu me dire exactement pourquoi on t'a refusé ton visa car je n'ai pas bien compris par SMS.

Depuis le temps où l'on me priva de voyager vers Christelle, on en fit de même pour mon amour pour elle. J'avais souffert pendant des années et des mois avant que l'on se quittait d'un commun accord mais sur lequel Christelle était plus d'accord que moi. Il parait que les belles histoires d'amour finissent mal en général. Pour nous c'était le cas, je m'y accrochais tellement jusqu'au jour où je perdus le moral :

Mon bel amour ;

Ne t'étonne pas si j'ose utiliser cette formule d'appel après tout ce qui s'est passé car tu ne sais vraiment pas ce que tu étais et tu seras toujours pour moi. Ce serait, peut-être, mon dernier courrier pour toi et j'aimerais bien que tu lises ce qui suit avec tant d'attention et d'intérêt afin que tu puisses enfin te faire une idée sur ce que tu as qualifié de lâcheté de ma part tout en oubliant l'estime que j'ai à ton égard.

Le dix-sept juillet deux mille six était le jour où tout s'est écroulé autour de moi, le jour où l'on m'a privé de mon visa. Je t'avais fait part de cette triste et mauvaise nouvelle plus autant pour moi que toi sans vouloir te causer la moindre dépression possible. Je te l'ai dit de manière très adoucie car je sais déjà que tu en as assez vécues avec ton ex-mari.

Je n'ai jamais pensé te laisser en plan comme tu as dit sauf que les retombées cruelles qui ont suivi le refus de mon visa étaient telles que je ne pouvais du K.O, que la chancellerie française m'a infligé ce jour-là, me relever. J'aurai dû m'expliquer avec eux sur les raisons du refus de mon visa or aucun motif du refus ne m'était délivré selon l'article du 24 novembre 19.. , je ne me rappelle pas de quelle année exactement.

C'est injuste de ne pas me permettre de faire mon seul vrai voyage surtout que je ne manquai de rien. On dit qu'il y a un quota mais pourquoi pas moi, moi qui fais illuminer l'image de la culture française aux yeux des générations, moi qui soutient par l'âme et la pensée toute l'hexagone. Je ne vois pas ce qui manque dans tout cela pour être offensé. Que je me sens frustré, déchu, exclu et déshonoré !déshonoré de ne pas pouvoir tenu à ma promesse, déshonoré devant le monde d'ici et de là-bas, déshonoré de te décevoir devant ta famille, tes amies et ton ex puisque tout le monde était au courant de mon arrivée chez toi. Voilà ce qui fait que je n'osais pas t'écrire Dieu est mon seul témoin de ce qui se déroulait dans ma tête…

En me lisant, Christelle avait été beaucoup touchée, elle en avait presque les larmes aux yeux. S'elle m'avait envoyé un dernier SMS la dernière fois pour me dire qu'elle ne pouvait plus attendre quelqu'un qu'on ne laisserait jamais partir c'était parce qu'elle pensait que je l'avais complètement oublié et que je l'avais rayé de ma vie. Une semaine sans de mes nouvelles on pouvait se poser des questions. Elle était aussi écœurée de savoir que je ne partirais pas surtout qu'elle avait préparé ma venue et c'était bien la goutte d'eau qui avait fait déborder le vase. Certes elle n'était pas gentille avec moi dans ses derniers SMS, or elle ne pensait pas tout ce qu'elle avait dit. C'était la haine et la tristesse qui lui faisait écrire ces choses-là, je savais bien qu'elle tenait beaucoup à moi et qu'elle m'aimait au plus profond d'elle, tous les jours elle pensait à moi, je la hantais dans ses nuits et elle imaginait ce qui aurait pu se passer. Elle aurait aussi voulu venir me voir mais elle n'avait pas les moyens financiers pour le faire. Pour venir au Maroc il suffisait qu'elle ait une carte d'identité et un passeport, elle savait cela, un visa n'est pas indispensable car la France laisse partir plus facilement les français au Maroc que l'inverse. Elle avait tellement envie de me voir que cela devenait étouffant. Pourquoi séparer deux êtres qui s'aiment et qui aurait pu construire quelque chose ensemble ? Elle savait que je tenais énormément à elle, la seule chose qui lui rappelais de moi c'était à chaque fois qu'elle mettait le parfum que je lui avais offert, c'était un peu de moi qui enveloppait sa peau.

Comment faire pour que l'on puisse se rencontrer ? Elle ne savait pas, elle ne savait plus, on ne pouvait pas rester comme ça car on s'aimait mutuellement et elle ne pouvait pas m'oublier et moi aussi je pensais tout le temps à elle. À chaque fois qu'elle allait dans un endroit, elle se dit : « tiens ! Hamid aurait dû être là près de moi à me tenir la main, à me regarder tendrement et à me dire de jolis mots doux dans les oreilles » mais tout cela s'était envolé en un instant lorsque je lui avais envoyé mon SMS pour lui dire que je ne partais plus. Elle savait que j'étais triste et révolté en ce moment-là, cela se lisait dans mon SMS et mon mail que je lui avais fait parvenir la dernière fois, elle se mettait à ma place et croyait que j'aurais pété un plomb. Elle était touchée par tout ce que j'avais fait pour elle, personne n'avait fait autant d'effort pour elle auparavant, c'était là qu'elle voyait que je devais beaucoup tenir à elle.

Il y a six mois, elle avait accepté d'ouvrir son cœur un banal soir de janvier, sereine, sans rien attendre, sans crainte, ni doute, ni peur. Elle avait recommencé à écrire et peu à peu à comprendre ce qu'elle avait longtemps refusé d'entendre.

Dans une vie, il y a plusieurs chemins à suivre ; dans un chemin inconnu, Christelle s'était aventurée à la recherche du bonheur sans doute à la fois consciente et ignorante des dangers. Passionnément, elle avait quand même poursuivi cette route puis elle s'était arrêtée au milieu du parcours soudainement éblouie par les étoiles dans le ciel où elle avait vu parmi toutes, une petite merveille qui allait changer sa vision de l'amour alors elle s'était laissée transporter, flotter et s'était envolée vers cette étoile qui l'avait subjuguée. Une étoile authentique et magique autour de laquelle Christelle avait longtemps tourné attendant un petit signe d'elle pour qu'elle reste mais elle aussi l'avait bien remarqué et généreusement elle lui fit un geste. Christelle avait ensuite accepté de lui faire un peu de place dans sa vie aussi un peu plus dans son cœur qu'elle avait agrandi un particulier jour, sereine, prête à aimer et à s'abandonner sans retenue, rien que pour le meilleur. J'étais cette étoile et sur cette longue route de la vie, le temps s'est arrêté ce mardi. Pas un jour ne passe sans qu'elle ne pense à moi, sur la route de la vie, elle voulait poursuivre cet amour, et continuer à être amoureuse et à me rendre heureux sans se projeter dans l'avenir. On aurait pu vivre ensemble et profiter de ce plaisir, on aurait pu s'aimer et être aimé mais malheureusement l'avenir est incertain et peut tout changer d'un jour à l'autre. Que dire ! Dire que son cœur était grand et que l'amour qu'il avait pour moi était géant, que depuis ce soir de juillet, plus aucune journée dans la semaine n'était banale car j'étais encore plus dans ses pensées et si un jour on se retrouverait, nos cœurs nos corps seraient à l'unisson. Nous verrons tout, là-haut cet arc-en-ciel scintillant de ses couleurs les plus belles.

XV

Hélas qu'avec le rejet de mon visa, cet arc-en-ciel n'eut plus le même effet. Toutes les couleurs qu'il allait pu m'offrir n'est maintenant qu'une traînée de cendre noire. J'en hume un peu de sa poussière et je sens que toute cette intégration, que toute cette assimilation, que toute cette fusion de l'âme dévastatrice dans mon corps à travers mes illusions s'étouffer jour après jour. Je regardais à travers un prisme et je me suis dit qu'il faut changer la position de mon angle de vue.

Lorsque j'ai essayé de trouver ma meilleure et ma vraie place, je me suis à nouveau égaré que je ne me repère plus. Depuis ce jour-là, je me suis mis à errer dans un monde étrange et parfois inconnu sans plus savoir où j'en suis ni plus qui je suis

Fin 2010

TABLE DES MATIÈRES

Hamid Amoud
Mon oppidum d'Identité

Roman

Dans cette unité indéfinissable où se mêlent soupirs et plaisirs je m'y réfugiais ; je m'y ferais mon propre exil, un asile délimité par les pages de mes livres ainsi que les séances de cinéma auxquelles mon ami Abra m'invitait. Nous choisîmes notre film de la semaine, il était peu probable que nous brisions la règle, cela s'intitulait Emmanuelle, un film érotique qui avait cartonné dans les salles du 7ème art en France et surtout à Paris, aurait-on, plus tard, appris. Entouré d'un parfum de scandale, ce long métrage provoqua un vaste débat sur la censure des œuvres érotiques. Cependant, les incidents de la scène politique en France avaient changé la donne. Il était seulement interdit aux moins de 16 ans

Je n'avais pas encore cet âge là quand j'assistais à la projection, sur grand écran, d'un film où la nudité de Christine Boisson me fit parcourir toute la gamme des plaisirs, cette révolution qui aspirait à la libération des mœurs dans un pays de liberté, en dépassa les frontières et força les limites de la pudeur dans un autre qui est le mien.

Quand la nuit tombe, progressivement elle nous pénètre et nous couvre de sommeil et il se peut qu'on y fasse de mauvais ou de beaux songes, le lendemain, on se réveille sans dommages et sans conséquences. En revanche, le noir d'une salle de « cinoche » voile uniquement la présence matérielle d'un esprit en effervescence, lui aussi en pleine révolution, tout en état de conscience des ravages produits par le son et l'image….